Minha mãe inventada

Luna Alkalay

Copyright © 2023 by Editora Letramento
Copyright © 2023 by Luna Alkalay

Diretor Editorial Gustavo Abreu
Diretor Administrativo Júnior Gaudereto
Diretor Financeiro Cláudio Macedo
Logística Daniel Abreu e Vinícius Santiago
Comunicação e Marketing Carol Pires
Assistente Editorial Matteos Moreno e Maria Eduarda Paixão
Designer Editorial Gustavo Zeferino e Luís Otávio Ferreira
Revisão Daniel Rodrigues Aurélio (Barn Editorial)
Ilustração da Capa Maria José Boaventura
Foto da Orelha Rama de Oliveira

Todos os direitos reservados. Não é permitida a reprodução desta obra sem aprovação do Grupo Editorial Letramento.

A415m   Alkalay, Luna
Minha mãe inventada / Luna Alkalay.
- Belo Horizonte, MG : Letramento, 2021.
94 p. ; 14cm x 21cm.
ISBN: 978-65-5932-284-8
1. Literatura. 2. Romance. I. Título.

2023-280   CDD 813   CDU 82-31

Elaborado por Vagner Rodolfo da Silva - CRB-8/9410

Índice para catálogo sistemático:
1. Literatura : Romance 813
2. Literatura : Romance 82-31

LETRAMENTO EDITORA E LIVRARIA
Caixa Postal 3242 – CEP 30.130-972
r. José Maria Rosemburg, n. 75, b. Ouro Preto
CEP 31.340-080 – Belo Horizonte / MG
Telefone 31 3327-5771

Em Viena há dez mocinhas, um ombro em que soluça a morte e um bosque de pombas dissecadas. Há um fragmento da manhã no museu da geada. Há um salão com mil janelas. Ai, ai, ai, ai! Toma esta valsa com a boca fechada. Esta valsa, esta valsa, esta valsa, de sim, de morte e de conhaque Que molha sua cauda no mar. Quero-te, quero-te, quero-te, com a poltrona e o livro morto, pelo melancólico corredor, no escuro desvão do lírio, em nossa cama da lua e na dança com que sonha a tartaruga. Ai, ai, ai, ai! Toma esta valsa de quebrada cintura. Em Viena há quatro espelhos onde brincam tua boca e os ecos. Há uma morte para piano que pinta de azul os rapazes. Há mendigos pelos telhados. Há frescas grinaldas de pranto. Ai, ai, ai, ai! Toma esta valsa que está morrendo em meus braços. Porque te quero, te quero, meu amor, no desvão onde brincam os meninos, sonhando velhas luzes da Hungria pelos rumores da tarde tíbia, vendo ovelhas e lírios de neve pelo silêncio escuro de tua fronte. Ai, ai, ai, ai! Toma esta valsa do "Quero-te sempre". Em Viena dançarei contigo com um disfarce que tenha cabeça de rio. Olha que margens tenho de jacintos! Deixarei minha boca entre tuas pernas, minha alma em fotografias e açucenas, e nas ondas escuras do teu andar quero, meu amor, meu amor, deixar, violino e sepulcro, as cintas da valsa.

— "Pequena Valsa Vienense". Federico García Lorca. *Romanceiro gitano e outros poemas,* trad. Oscar Mendes, 3ª ed., Rio de Janeiro, Nova Fronteira, 1985.

18 ——
As férias tchecoslovacas

38 ——
Benno

86 ——
Frau Fanny

44 ——
Hannah

51 ——
Herman

77 ——
O irmão mais velho

25 ——
O pianista Isaac Castro

83 ——
Os pais

13 ——
Os pobres pais

31 ——
Regina

64 ——
Ricardo

22 ——
Sofia

*Este livro é dedicado à minha mãe, Sofia,
à minha filha, Rama.*

*E a todos vocês que me acolheram e me
ensinaram tudo o que sei. Tudo o que sou.*

ENTRO DEVAGAR NAQUELA SALA VAZIA, ONDE ME ACOlhem uma mesa de madeira, três cadeiras, uma janela com a persiana entreaberta, um quadro-negro e duas poltronas antigas de couro. Agradável? Nem tanto. Na parede, ao lado da janela, na moldura, a foto de uma criança desesperada agarrada à saia da mãe junto aos arames do campo de concentração.
A legenda: "PARA NÃO ESQUECER NUNCA."
A mulher idosa e bonita entra com um sorriso amável, olhos muito azuis, aperta minha mão gelada, diz meu nome duas vezes, mas não diz o seu, senta numa das poltronas de couro comido, faz sinal para que eu sente e me pergunta o que sei da minha família há tempo desaparecida. Digo que saber, sei pouco, tenho algumas certezas não muito definidas. Então não são certezas, ela sorri amável. São, minha senhora, respondo firme, afinal não faz nenhum sentido começar aquela conversa desclassificando minhas poucas garantias.
Desde que me lembro, vivo dessas garantias ambíguas que me empurram para frente em dias bons e para os lados no restante do tempo. Quando o acaso derruba uma delas, sou atirada com toda a força para trás, para longe de volta ao melancólico pântano das minhas memórias. Já procurei entender o que era a minha vida e a deles, já estudei, fucei arquivos, entrei em contato por telefone, por carta, e-mail, internet. Fui até lá. Nada. O que posso contar, minha senhora, vem dos poucos relatos que minha mãe suportou guardar. Com esses lugares e nomes consegui realizar uma herança, construir o lugar que nunca pude visitar e para o qual minha mãe nunca

pôde voltar. Já caminhei um bocado e não quero perder de vista o que perdi e também o que joguei fora.

— Está bem. Eu compreendo, diz a mulher sempre sorrindo.

Começo meu relato titubeante, coração acelerado, como numa primeira sessão de psicanálise. Minha mãe, dona Sofia, nasceu numa cidade austríaca, Graz, em 1909. Não sei nada dessa sua cidade, ela nunca me contou. Gostava de se dizer vienense já que ela e a família foram viver lá quando Sofia era pequena. Viena do início do século. Eu sei o que era Viena naquela época. Ela também sabia. Viena lhe dava leveza, estatura, uma cultura. Gostava das valsas que sentia como suas. No final da vida me pedia sempre para tocar as valsas gravadas em uma fita cassete que ela ouvia imóvel, em silêncio, alguns soluços e o polegar a girar as alianças na mão esquerda. Quando comentava alguma coisa sobre "A Viúva Alegre" ou sobre a "Valsa do Imperador", falava em alemão. Eram raríssimos os momentos em que ela falava comigo em alemão. Meu pai proibia, não suportava. Na velhice ela se sentiu autorizada a voltar para a terra dos seus algozes. Ter sobrevivido lhe permitia lembrar da língua, mas não das memórias. Essas estavam irremediavelmente apagadas.

Nasceu num dia 25 de dezembro *"como Jesus Christus"*, dizia, e se considerava tão sofredora quanto ele. Era judia. Tinha seis irmãos: Regina, Herman, Richard, Benno, Hannah e um, o mais velho, que desapareceu logo no início do nazismo porque era comunista. Não o conheci. Não sei nada dele. Saiu uma noite e nunca mais apareceu. Não foi encontrado e nunca mais foi citado. Nem seu corpo, nem seu nome. Ele foi o primeiro a perder a identidade, a se tornar um número, uma estatística. Uma imensa dor? Não sei, nunca pensei nisso.

A mulher não interrompe a gravação nem mesmo quando paro de falar. Provavelmente meus silêncios têm tanta importância quanto minhas narrativas inseguras. Chega o café, molho a garganta. Recomeço.

Viena era uma cidade de sonhos, alegre, aparentemente leve. A infância de minha mãe teria sido mais feliz se ela tivesse tido liberdade para caminhar sozinha pelas ruas de paralelepípedos, à beira do rio, atravessar as pontes, correr atrás das carruagens como faziam as crianças pobres. Mas ela não era pobre. Sofia tinha uma amiga, órfã de pai, morto de tifo na África. Sua mãe havia se casado novamente com um oficial que usava uniforme azul e branco e vermelho e amarelo. Não, acho que amarelo não. Essa menina, Golda, vivia no mesmo bairro, Leopoldstadt, do outro lado da grande rua, da grande avenida que levava até a grande praça principal, onde estavam o museu, o teatro de ópera, a catedral e a sinagoga. Uma praça quadrada, imensa, um chafariz com estátuas de ninfas e anjos no meio e os prédios públicos ao redor. Pessoas a pé atravessavam a praça em todos os sentidos criando o burburinho próprio de uma época em que se passeava a pé. Não havia carros. As meninas e as mães passavam por ali duas vezes por semana quando Hannah, Regina, Sofia e Golda iam à aula de piano no conservatório de Viena, em um dos prédios de uma das ruas perpendiculares à praça. As mães, então, aproveitavam para tomar chá nos cafés, com orquestras de velhinhos trêmulos e cantoras velhinhas de maquiagem pesada, batom borrado, vestidos manchados e sapatos baixos e antigos. Duas senhoras de meia-idade vendiam rosas pequenas, daquelas de fazer perfume. Elas se aproximavam das mesas valsando discretamente e com olhar maroto, levemente alcoolizado. Uma hora de prazer, conversas, risadas e cigarros. Duas horas por semana de delicadeza e indiferença. Os grandes lustres, as louças, as vitrines com os doces e bombons tinham a capacidade de transformar a vida tosca, dura, em um romance da época. Viena era a cidade do faz de conta.

 Paro de falar e olho para a mulher me sentindo um pouco mais calma. Ela me pede que continue. Qual o sentido disso, me pergunto.

No inverno, porém, atravessar a praça era bem mais difícil porque o vento era tão forte que carregava as crianças e os cachorros. O vento também roubava os chapéus que iam trocando de dono e muitas vezes na primavera, com os últimos ventos, pousavam de volta na cabeça original.

Mães e filhas caminhavam agarradas, de mãos dadas, bem forte. Acreditavam que o vento era uma entidade má, um bruxo, um *dibuk* que se divertia perseguindo os mais leves que se aventuravam pela praça sem a companhia dos mais pesados. Daí o grande valor das enfermeiras e babás gordas dos recém-nascidos, das criancinhas magrinhas e dos velhinhos frágeis. Naqueles tempos era praticamente impossível conseguir uma babá com mais de sessenta quilos. Estavam todas muito bem empregadas garantindo a permanência dos velhinhos e das crianças no solo.

Em casa, na hora de dormir, a mãe de Sofia, Regina e Hannah, *frau* Fanny, contava longas histórias de criancinhas magrinhas que tinham desobedecido, saído sozinhas e desaparecido, levadas pelo vento para muito longe, para outros lugares fora da cidade. Um desses relatos era sobre a imensa tristeza dos pobres pais de uma menina, Helena, que haviam contratado guardas florestais para vasculhar os arredores da cidade quando alguns caçadores a viram passar voando e chamando por eles.

Os pobres pais

ELES ERAM IGUAIS A TODOS OS PAIS E MÃES ANÔNIMOS da história da humanidade. Foram crianças, foram jovens. Casaram porque quiseram e também para fazer gosto aos seus pais. Tiveram cinco filhos; não saberiam dizer o motivo, mas possivelmente para fazer gosto a Deus. Trabalhavam duro, ganhavam pouco, e devagarinho iam envelhecendo provavelmente para fazer gosto à natureza. Não eram nem felizes, nem tristes. Um pouco melancólicos. Seus cinco filhos eram magrinhos e bons. Helena e seus irmãos saíam de manhã e caminhavam soltos no verão e agarrados no inverno, por uma estrada de terra até chegar ao centro, à escola. Voltavam para casa duas horas após o almoço já que a escola oferecia sopa no inverno e também do verão. O mais velho trabalhava na terra com o pai semeando e colhendo cogumelos e já ia desistindo de estudar. As três meninas ficavam em casa à tarde e ajudavam a mãe. Vestiam sainhas e vestidos de algodão na primavera e no verão, e de lã no outono e no inverno gelado. Meias grossas no frio, sapatos grossos sempre. A mais velha já costurava, remendava, tricotava. A do meio cuidava das galinhas e dos patos. O bebê, como todos os bebês, era a alegria e o desespero dos pais. Helena, que não era nem a mais velha, nem a do meio, nem coisa nenhuma, passava a maior parte do tempo despercebida, esquecida, sem nenhuma tarefa. Então sentava na poltrona do pai e passava o dia lendo e sonhando. Sonhava em um dia sair daquela vida tão pequena "nem que fosse voando" para conhecer o mundo. Embora soubesse dos perigos do vento, Helena não imaginava que pudesse ser verdade. Olhava pela janela quando começava a ventar, ouvia o chamado nas frestas das portas, sem acreditar nas histórias que ouvia contar. Um dia, uma tarde, levantou da poltrona, largou o livrinho que lia pela décima vez, escapou do vago olhar da família e saiu para tirar a limpo essa lenda que assustava as crianças. Abriu os braços, soltou os cabelos e se ofereceu. O Vento cumpriu seu papel e carregou Helena. Da cozinha, mesmo sem prestar muita atenção, a mãe sentiu uma coisa estranha, levantou os olhos, mirou o descampado na frente da casa e largou o bebê no berço. Olhando para o alto, para o céu, saiu correndo avisar o pai, o irmão, os vizinhos. A filha do meio havia sido arrebatada.

Helena sobrevoou a estrada de terra, a plantação de cogumelos, a vizinhança. O Vento era generoso em permitir que ela se despedisse dos amigos, mas também queria exibi-la como prova de sua força. O pai largou o cesto de cogumelos e junto com o irmão mais velho, correu. Sem perdê-la de vista, os dois chegaram ao posto militar. Sem levar muito a sério os gritos do velho pai, os guardas saíram para a rua a tempo de comprovar que o Vento carregava a menina para fora das vistas e para dentro do bosque. Os guardas tomaram conta da situação, tranquilizaram o pobre pai, o acompanharam de volta à casa e fizeram as meninas que haviam sobrado prometer nunca sair sozinhas no inverno. As pobrezinhas aterrorizadas juraram ficar dentro de casa por toda a infância ou enquanto fossem magras e levinhas.

Passados dois dias os mesmos incansáveis guardas aconselharam os pobres pais a contratar barqueiros porque alguns pescadores tinham visto a tal menina passar voando por cima das lavouras em direção ao rio. Quando os barqueiros, os guardas e os pobres pais chegaram ao rio bem cedinho, naquela manhã gelada, ouviram a menina chamando por eles. Correram a pé, remaram forte, seguindo aquela voz que chamava cada vez mais alto. Finalmente enxergaram, no meio da neblina, a pequenina Helena de pé, sobre uma pedra, na outra margem. Havia parado de ventar e parecia que estavam com sorte.

Quase chegaram a tempo. O Forte Barqueiro remou rápido e próximo da margem se atirou na água gelada. Infelizmente o Vento não deixou o Forte Barqueiro agarrá-la e trazê-la de volta para seus pobres pais. Voltou a ventar e Helena levantou voo.

— Oh!, exclamaram todos.

Helena sorriu e acenou para as pessoas maravilhadas.

— Ela voa? Sim, ela voa!

O padre foi avisado e correu até o bispo que falou com o cardeal que telegrafou para o secretário da Santa Sé que era alemão e conhecia muito desses sortilégios germânicos. Atirem!, ordenou o secretário da Santa Sé. Se ela cair é uma diaba, se voar é um anjo! Está escrito e assim deve ser feito! Atirem!

A solução chegou com rapidez à beira do rio onde uma multidão, formada por pessoas usando ou não binóculos, olhava extasiada para a menina que acenava e mandava beijos levitando a uns cinco metros do chão. Os guardas chegaram. Apontaram os rifles. Como sempre acontece, os jovens recrutas não entenderam por qual razão atirar. Muito menos em uma menina que sorria e acenava. Um deles, Karl, lembrou da sua irmã e das suas primas e jurou baixinho que se tivesse de atirar erraria o alvo. Mesmo naquele frio ele suava em bicas. Pedia perdão, pedia desculpas, pedia que o comandante recuperasse o juízo e mandasse parar aquela bobagem. Fechou os olhos diversas vezes torcendo que tudo aquilo não estivesse mais lá quando os abrisse.

— Oh!, exclamou a multidão.

— Não, exclamaram os pais.

— Go!, exclamou o comandante. Se ela cair é diaba, se voar é anjo!

Atiraram. Era anjo! Ela se assustou com as balas, piscou quatro vezes os olhos cujas pupilas haviam escurecido e dilatado em segundos, levantou voo e deu um rasante sobre os pais que soou como um beijo de despedida. E todos ouviram quando ela disse:

— Meus queridos pobres pais, não se preocupem. Vivam!

Passou pelo recruta Karl, cujos olhos também haviam escurecido, e sussurrou: — Esperarei você chegar!

Subiu, subiu, deu algumas piruetas no ar e desapareceu. Sua angicalidade nunca mais foi vista na cidade.

Sofia, Regina e Hannah ouviam em silêncio, mãos dadas, como faziam na travessia da Grande Praça.

— E ela foi feliz?, perguntava sempre Sofia que veio a ser minha mãe.

— E o que é a felicidade?, respondia sempre sua mãe, Fanny, que nunca chegou a ser minha avó.

Paro de falar. Uma pausa dramática. A mulher da Organização olha para mim desconfiada, mas não para de gravar. Eu nunca havia pensado em contar essas passagens da vida de minha mãe. Agora nessa sala, dando esse depoimento, me parecia que qualquer detalhe seria importante. Pergunto se ela gostaria que lhe contasse mais alguma história.

— Você acha importante?, ela responde perguntando.

Engraçado, penso que não, que uma história basta porque assim já sabemos que ventava muito no inverno e as crianças desapareciam levadas pelo vento. Mesmo assim puxo pela memória, pelas fotografias do álbum que eu tinha trazido. Insisto e mesmo não sabendo nada da infância da minha mãe, procuro assuntos que possam interessar à Organização. Lembro da minha própria infância, não sou tão diferente dela.

— Ah, lembrei mais detalhes, digo feliz.

— Que bom, responde desconfiada a mulher.

Ela não pode me impedir, claro, mas preciso ser convincente para que não comece a fazer perguntas desperdiçando o tempo de que dispomos para a entrevista. Retomo, sigo com a frágil lembrança de um dia, um final de tarde quando minha mãe me contou sobre as férias nas estações de águas da Tchecoslováquia.

As *férias* tchecoslovacas

JÁ MAIS CRESCIDA, SOFIA, A MÃE DELA, A SENHORA FANNY, e os irmãos passavam os verões na Tchecoslováquia, em Carlsbad, para onde ia toda a nobreza austro-húngara ou o que havia sobrado dela. Como não era nobre, Sofia se divertia fingindo ser uma condessa austríaca. Para uma menina judia de classe média a capacidade de inventar lindas histórias permitia que convivesse com os aristocratas por mais pobres e decadentes que fossem. Sempre contava a mesma história às crianças que vinham de todos os castelos da Europa: estava lá com seus irmãos e uma governanta, à espera da família tcheca que havia se atrasado porque alguns dias antes da partida para as férias, uma das suas primas se apaixonara por um lindo rapaz de uma família italiana do Vêneto que conhecera no meio de algum caminho. O veneziano cantava lindas canções, sua mãe tocava piano e o pai era um industrial muito rico do ramo de barcos e bebidas. Mas não eram aristocratas. Eles haviam se visto numa confeitaria e se apaixonado na mesma hora ao som dos velhinhos que tocavam violino e do aroma das rosas de doces e perfumes. O italiano plebeu e a condessa não deveriam se ver, muito menos se encarar por segundos. Assim, todas as tardes, crianças de todos os castelos da Europa ouviam encantadas Sofia contar as histórias e concordavam com ela. Algumas nunca haviam falado com um plebeu, quanto mais se apaixonado. Pediam detalhes e Sofia aumentava, descrevia os carinhos, as palavras doces do italiano, o perfume, o perigo, o conto de fadas. Contava como os plebeus podiam ser encantadores apesar de sua condição. Os familiares aristocratas da família inventada por Sofia eram esclarecidos, avançados e, mais importante, iam ficando sem dinheiro. Não que fossem endividados ou coisa assim. Faziam parte da décima terceira geração de uma família dona de metade do país, mas com todas essas guerras e revoluções, pouco lhes havia sobrado dos contos de fadas de antigamente.

Faço um parêntese para comentar como minha mãe era esperta e culta. A senhora me encara séria, e responde que na Europa, no início do século XX, todas as crianças de boas famílias judaicas eram espertas e cultas. Não me convence. Volto para o meu relato.

Todos os dias Sofia lia para as crianças nobres as longas cartas que recebia da sua tia avó, a duquesa Paulina. Em uma delas, a duquesa aconselhava a família esperar a próxima carta para tomar o trem e seguir para o castelo em Praga para o casamento. Obviamente todos haviam se rendido aos encantos do italiano cantor e à fogosidade da condessa que, insinuava a duquesa, já esperava um bebê. As crianças deslumbradas sonhavam com um semelhante romance sem desconfiar do destino trágico que as aguardava alguns anos mais tarde.

Assim Sofia passeava pelas férias nas estações de águas medicinais tchecas. Esperava pela chegada das primas que se atrasavam mais e mais. Até que os primeiros dias de outono avisavam que era hora de voltar para Viena. Casada ou não, a condessa teria que esperar mais um ano pelo encontro com a família austríaca. As crianças aristocratas voltavam imaginando a linda vida que a linda prima de Sofia teria ao lado do italiano cantor.

No caminho de volta, Sofia finalizava mais essa etapa. E se perguntava antes de encerrar: "E ela seria feliz?" E logo em seguida: "E o que é a felicidade?"

— E Viena?, pergunta a mulher. Em que momento a família foi morar em Viena?

— Acho que o *herr* Leon, meu avô, tinha conseguido melhores oportunidades no comércio da grande cidade. E trabalhou para ter sete lojas, uma para cada filho, contava minha mãe.

— Lojas de quê?, pergunta a mulher.
— Não sei ao certo.
— Como não sabe?
— Não tenho certeza.
— Não lembra?
— Ela nunca me....
— Você acha que eram de quê?
— De roupas.
— Por que de roupas?

Porque eram judeus, porque ela sempre gostou de roupas, porque é assim que eu me lembro daquilo que não sei, porque minha mãe não quis lembrar, não quis viver aquela desgraça toda de novo, apagou. Inventou aquela vida para me dar de presente. Fico por longos segundos pensativa. Como não sei de que eram as sete lojas? Retomo contando que eram sete lojas de roupas bonitas e elegantes para senhores e senhoras. Chapéus, peles, ternos bem cortados, tecidos importados, luvas. Uma loja para cada filho.

Herr Leon, o homem que havia se recuperado das feridas da Grande Guerra, que havia sobrevivido e criado as crianças, todas as manhãs cumprimentava a mulher com um beijo, os filhos com um leve sorriso e caminhava até a primeira loja, em seguida às outras seis e de volta à primeira. Como não sei de que eram as lojas? Eram de roupas, sim. Só podiam ser de roupas. De que seriam senão de roupas?

Sofia

ERA A FILHA MAIS CURIOSA, CONHECIA TODAS AS SETE lojas por fora e por dentro. Adorava se perder no depósito da terceira, debaixo das mesas da quinta e nas grossas prateleiras da primeira. Para ela eram lojas imensas, ricas, cheias de mercadorias. Dobrava, guardava, subia, descia. Olhava para as clientes e voltava ao "trabalho". As mulheres passavam as mãos cobertas com luvas de camurça pelo seu rostinho esperto e a elogiavam para seu pai. As funcionárias lhe davam chocolate quente e bolo, no inverno, e limonada fresca e bolo, no verão.

Nada pode ser melhor do que o Comércio, minha mãe repetiu por toda a vida. Tudo que ela havia aprendido de importante na vida, o comércio lhe ensinara. As sedas que saíam da China em imensos navios, as lãs que eram tecidas nos altos das mais altas montanhas da Europa e da América, as casimiras do Reino Unido, os mocassins italianos, as saias escocesas. Toda a geografia do mundo à sua disposição naquelas prateleiras. Decorara os nomes dos tecidos em ordem alfabética, em francês e em inglês: Brocade, Broderie Anglaise, Camel's Hair, Cashmir, Chambray, Chantilly Lace, Crêpe, Damask, Foulard, Gabardine, Tweed, Jacquard, Lamé, Mousseline, Matelassé, Organza, Peau de Soie, Prince of Wales, Satin, Taffetá, Velour, Voile, Zibeline.

Cortes e mais cortes, botões, pérolas, rendas, couros, peles. O comércio e a aritmética do dinheiro que entrava e que saía, o Grande Livro da Contabilidade, pagamentos, metros e centímetros, quilos e gramas, tamanhos dos pés, das mãos, das golas, os comprimentos das saias, dos casacos, dos chapéus. Números e números para anotar, riscar, somar e subtrair.

O mais impressionante, porém, eram as transformações que ocorriam dentro dos provadores. Clientes que entravam vestidas simplesmente e de lá saíam cobertas com visons, astracãs, leopardos. Desapareciam plebeias e ressurgiam rainhas. Entravam modestas senhoras e saíam divas de ópera. Rodopiavam na frente dos grandes espelhos, coravam, punham e tiravam as mãos de dentro dos bolsos, subiam as grandes golas, esfregavam o rosto nos casacos e nas estolas e piscavam para as amigas. O coração de Sofia pulava alegre.

O *pianista* Isaac Castro

QUE LINDA ERA A VIENA DE SOFIA. QUANTA ELEGÂNCIA, sofisticação, cultura, educação. A cidade do pianista Isaac Castro que tocava às tardes na melhor confeitaria e à noite no melhor cabaré da cidade. Repertórios diferentes, compositores eruditos de dia e o vaudeville à noite. Já adolescentes, Sofia, suas irmãs, *frau* Fanny e outra amiga que também tinha uma linda filha da idade de Regina, iam todas as quintas feiras à confeitaria admirar o pianista. Hannah, a irmã mais velha, que já tinha dezessete anos se apaixonou no instante em que Isaac Castro colocou suas mãos de longos dedos sobre o teclado iniciando a "Polonaise". Ele era moreno, cabelos encaracolados, pele morena, um típico judeu sefaradi. No programa sobre as mesas, uma breve biografia. Isaac Castro nasceu no Cairo no início do século, toca desde os cinco, aos doze anos se apresentou para o rei – maravilhado com o pequeno pianista egípcio, o monarca bancou sua ida a Moscou para aperfeiçoar seus estudos. Lá ele ficou até que seu mentor faleceu após uma queda da carruagem. Já admirado nos grandes salões portugueses e espanhóis Isaac finalmente chegou a Viena, ganhou o principal concurso de piano e passou a se apresentar nos grandes teatros da Europa.

Há alguns anos, porém, Isaac Castro havia optado por passar um tempo tocando para as pessoas que não tinham dinheiro, não tinham acesso à boa música. Era idealista, visionário, utópico. Assim se ofereceu para tocar na melhor confeitaria da cidade às terças e quintas-feiras às cinco da tarde e no melhor cabaré de Viena nas sextas e sábados à uma da madrugada. Rapidamente tornou-se uma celebridade, ganhava muito ouro e era convidado para todas as festas da aristocracia e do dinheiro. A vida para ele era feita de música, champanhe e risadas. E alegria por levar boa música ao maior número de pessoas. Isaac enlouquecia as mulheres que todas as terças e quintas se enfeitavam para ouvi-lo tocar. Eram clientes das lojas de *herr* Leon.

Viena ficara mais chique ainda, mais sofisticada desde que "der jüde pianist" ou "le pianiste juif" tinha se instalado numa das mansões à beira do Danúbio Azul com seus pais e as três irmãs adolescentes que vieram do Cairo. Ele era um dos assuntos prediletos e muitas histórias inventadas tinham suas façanhas como tema principal. Suas origens egípcias, a pele escura, o mistério da sua música, alimentavam a imaginação feminina e a inveja dos homens. Mas ele e sua família viviam discretamente no palacete otomano. As irmãs só foram vistas uma vez quando Isaac tocou uma peça de Mahler para a nobreza no Palácio Imperial. Embora judias, elas e a mãe mantinham os hábitos, as vestimentas e as joias orientais, árabes, criando uma atmosfera exótica e misteriosa por onde passavam. Cobertas de ouro, cabelos longos e negros trançados, xales coloridos, elas aumentaram em muito o interesse pela família Castro. Convites chegavam diariamente para festas, bailes, recepções. Convites nunca aceitos. Isaac tinha total liberdade e a usufruía. As irmãs, embora alegres e comunicativas, não se interessavam em participar da vida daquela cidade de pessoas de pele e olhos muito claros e almas acinzentadas. Em uma dessas festas, no réveillon da década de 1930, Isaac sentou ao piano e tocou Chopin. O suficiente para que uma princesa bávara se insinuasse ao seu lado ao piano e o provocasse para um concerto a quatro mãos. Ele recusa, ela insiste, ele se sente encurralado por aquela mulher. Tocam por dias seguidos. Ela o enfeitiça, ele se enamora. Isaac vive o encantamento como uma lebre acuada. A princesa ariana domina seus pensamentos, seus dias e noites. Aprisionado num castelo de portas abertas, Isaac se volta contra os pais que sem o amor e a força do filho homem terminam por deixar Viena e voltar para o Cairo no mês em que a filha mais velha sofre um misterioso acidente e morre. As duas outras irmãs que nunca se habituaram à vida na cidade acompanham aliviadas os pais na volta para o Egito. Os Castro aparentemente previram o que estava por vir e não se conformaram com as frias e insuficientes desculpas recebidas pelo atropelamento e morte da filha. Choraram em rituais o luto por sete dias sentados no chão com os espelhos voltados para a parede, despidos das joias, dos perfumes. Diariamente ao amanhecer e ao anoitecer os judeus da cidade iam até o palacete e assim que ali estivessem os dez homens, o grão-rabino dava início às longas preces em hebraico e em ladino.

Isaac acompanhou todos os rituais junto à família, amparou seus pais durante as primeiras semanas, mas não quis seguir com eles de volta ao início. Quis ficar na cidade, quis namorar a princesa, quis viver a leveza daquele cotidiano momentaneamente encantador. Dias antes da partida seu pai o previne que o terror ameaçava aquela cidade e mais uma vez lhe pede que volte com eles. Isaac não acredita. Uma manhã gelada acompanha a família até a estação de trem e deles se despede para sempre.

Naquele ano, sem que as pessoas se dessem conta, começavam os longos e escuros invernos que duraram meses. O frio congela a vida, a alegria e as águas do Danúbio Azul. Os habitantes da Cidade vão aos poucos deixando de ir ao teatro, os concertos não conseguem público, as pessoas se trancam em suas casas. O vento machuca e ameaça as pessoas. As aulas nos liceus são suspensas porque os livros e as mãos dos estudantes congelam. Ninguém arrisca mais que alguns passos pelos jardins da própria casa. As igrejas, sem saber mais o que fazer para chamar seus fiéis, tocam os sinos muitas vezes ao dia numa balbúrdia insuportável. Cada igreja com seu horário, cada sacerdote com a sua escolha e as que não haviam conseguido autorização para tocar de dia, tocavam à noite, de madrugada.

Batam os sinos por um pouco de luz, pedem os fiéis. Batam os sinos para que não morramos de frio. Mas de nada adianta. Passados seis invernos, os habitantes da Cidade se rendem às evidências, conformados com aquela maldita situação. Reúnem-se na catedral e pedem às autoridades que enviem os soldados às florestas buscar lenha para as fogueiras. A Solução é aclamada. As fogueiras aqueceriam a Cidade. Assim é feito e os comandantes criam diversas divisões que saem para cumprir suas tarefas. As florestas são examinadas, as árvores marcadas com uma estrela, os lenhadores chamados e em pouco tempo grande parte da população está envolvida e trabalha pela Solução. Três semanas depois fogueiras são acesas em todas as praças, esquinas, becos, alamedas. Os troncos marcados chegam às toneladas trazidos pelos Trens do Fogo. Não há mais nenhuma pessoa de bem que não dê a sua parte na mitigação do frio.

Em uma escura manhã a princesa bávara acorda Isaac para que ele a acompanhe até a frente do Teatro da Ópera, um dos lugares onde a população se reunia para receber e carregar as lenhas. Ele aceita alegre, finalmente se sentindo aceito, um cidadão austríaco. Vai e trabalha pesado por algumas horas até que infelizmente um soldado deixa cair uma tora, ferindo sua mão direita. Cheio de dor Isaac tem que parar de colaborar com a Solução. O soldado não reconhece a falta, o comandante não pede desculpas. As pessoas viram o rosto, indiferentes. Isaac se afasta e vai pedir ajuda à princesa no castelo. Um empregado entreabre o portão e, agindo como se não conhecesse Isaac, impede sua entrada. Secamente avisa que ela havia viajado para o sul da Itália e não voltaria tão cedo. Isaac insiste, não acredita. O empregado grita, ameaça chamar os soldados. Isaac vai até um caminhão militar estacionado na praça perto das outras fogueiras acesas. Pede ajuda aos soldados que cortam lenha, mas eles não obtêm permissão de interromper o trabalho. Um deles, um jovem soldado, de pupilas muito escuras, grita para que ele tenha força e não se entregue. Olha desesperado para os comandantes que o proíbem de ajudar o homem. Isaac grita, mas o vento, o frio e as canções de trabalho impedem que os soldados ouçam o que aquele homem escuro quer segurando a mão direita. Ninguém entende suas súplicas. O sangue escorre e congela antes de tocar a neve. Isaac corre de volta à sua casa, aonde não ia há meses, na esperança de encontrar os antigos empregados, mas o casarão havia sido demolido pouco tempo depois de seus pais voltarem para o Egito. Isaac percebe então que estava sozinho, sem saber o que fazer. Anoitece. Ele vai até uma das fogueiras para se aquecer. Os grandes troncos estrelados queimam e da madeira se ouvem chiados que parecem fracos gemidos. Isaac estende os braços sem sentir mais a mão ferida. Alucinando chega cada vez mais próximo do fogo. Os chiados se transformam em uma música compassada, um piano triste. Ele se inclina perigosamente, fascinado por aquele som. Vê no meio do fogo uma menina parecida com sua irmã mais velha morta no acidente. Enlouquecido, ele se atira para salvá-la. Tropeça, levanta, tropeça mais uma vez e não consegue salvar a menina. Grita, grita. Os soldados debocham e riem da loucura daquele judeu que suplica em árabe e reza em hebraico. O soldado mais alto se aproxima, o manda calar a boca e sair dali. Isaac corre na direção do soldado que atira. Ele cai atingido pela dor, pela tristeza e pelas balas. O homem moreno cai morto e seu corpo é queimado pelo fogo ali mesmo. A fumaça escura sobe em espiral ao mesmo tempo em que uma música melancólica se faz ouvir mais alto. É uma canção judaica que fala da saudade de um lugar desconhecido. O sangue escorre e desenha a pauta na neve. Um flautista se aproxima e toca as tristes notas. Todos param e todos choram. Os vienenses se dão conta que a partir daquele inverno a Europa nunca mais seria feliz. A Europa algum dia teria sido feliz? E o que é a felicidade?

Regina

— VOCÊ A CONHECEU?

— Sim, ela morou no Brasil, no Rio de Janeiro.

Regina, a irmã do meio, não gostava de gente. Era feia, dentuça, muito magra, mãos compridas, cabelos ralos, olhos puxados para baixo. Passava a maior parte do tempo na sala de costura fazendo bonecas de todos os tipos: de pano, de papel, de massa, de *papier mâché*. Eram de todos os tamanhos e raças. Regina recortava as reproduções dos quadros nas revistas e livros e copiava com maestria todos os detalhes. Sua paixão eram as bonecas japonesas. Passava horas envolvida com cabeleiras penteadas em coques rebuscados, presos com longos alfinetes, e finalmente quando a boneca estava pronta, Regina a cobria com as roupas que ela costurava com pedacinhos das sedas caídas atrás da máquina de costura, atrás da poltrona, atrás da escada. Com os retalhos ela fazia os quimonos que suas criaturas vestiam em grandes bailes, festas na corte, casamentos. Suas japonesas tinham livre acesso a todos os cantos de Viena. Elas iam acompanhadas pelos cadetes da Escola Militar para os quais Regina confeccionava uniformes elegantes e bigodes impressionantes. Todas as sobras das roupas verdadeiras renasciam nas fantasias de Regina. Por tardes inteiras ela contava as histórias daqueles seres de pano que lhe aliviavam a solidão e a feiura.

Seu passeio predileto era pela Travessa da Ponte, paralela da Grande Avenida, em plena Leopoldstadt, onde estavam todas as lojas de bonecas da Cidade. Parava por alguns minutos na frente das vitrines decoradas com lindos cenários onde as bonecas tomavam chá, cuidavam de seus bebês, conversavam alegremente. Regina desenhava os detalhes das bolsas, das golas e das luvas e dos sapatos modelo bailarina das pequeninas.

Dono de uma das lojas, *herr* Moiche permitia que aquela menina esquisita, filha de *herr* Leon, entrasse para olhar as belezuras mais de perto. Regina então sentava num degrau da escada, e sem atrapalhar o movimento que não era grande, encolhida para que ninguém reparasse nela, ficava por longas horas desenhando com seus lápis de carvão e de cera. Fazia desenhos bem pequenos para que a folha de papel durasse ao máximo. Usava toda a área pois não ganhava outra folha enquanto não tivesse coberto todos os espacinhos em branco. Regina não gostava de usar o verso da folha porque o desenho vazava, confundindo as tramas e as estampas, mas ela não tinha outro remédio. Na sua gaveta da grande cômoda, além das meias e das calcinhas ela guardava seus desenhos. Mais de cem páginas com bonecas pequeninas espremidas.

A maior felicidade foi quando, numa visita ao Museu de História Natural, ela viu uma série de desenhos de anatomia com detalhes de mãos, olhos, meio crânio, músculos do braço e da perna, um abdômen aberto e revelado. Veias, ossos, nervos. A *vida por dentro* pareceu à pequena Regina uma revelação, a chegada a um lugar sonhado. Passou a rabiscar cabeças de bonecas, mãos e pés, olhos, bocas. Passou a olhar para si mesma de outra maneira. Já que era feia por fora, poderia muito bem ser linda por dentro com deslumbrantes artérias e fortíssimos músculos. Desenhava suas bonecas metade com pele e metade sem. Regina pensava que teria sido melhor para os humanos ser metade fora e metade dentro.

Herr Leon, respeitando a paixão da filha, conseguiu com um conhecido romeno que fabricava papel, os restos de um rolo. Trouxe o tesouro na noite do seu décimo terceiro aniversário. Ela nunca mais parou de desenhar. Suas irmãs tinham um pouquinho de medo de suas figuras *dentro e fora,* seus irmãos debochavam e riam dela. Os desenhos foram melhorando, melhorando. Regina foi piorando e se isolando cada vez mais.

Chegara a um ponto em que nem visitar as bonecas de *herr* Moiche ela queria. *Herr* Leon conversou com sua mulher, preocupado com sua estranha filha. *Frau* Fanny ouviu atenta, mas ela andava tão ocupada que mal tinha tempo de olhar para os lados, quanto mais para baixo onde Regina ficava. Sempre embaixo de alguma coisa. Sobretudo da grande mesa da sala de jantar que para sua sorte raramente era usada. Lá, com ela, viviam suas pessoas inventadas. Inteiras ou em pedaços. Vestidas ou à espera de uma pele, das rendas e sedas que demoravam de aparecer. As suas irmãs, entre as lojas de *herr* Leon e as aulas de balé e piano, passavam as tardes fora da casa. Seus irmãos ninguém sabia onde estavam. Pode-se dizer que Regina fora esquecida em casa. Ela aparecia na hora das refeições, ninguém reparava que ela não comia e que seu irmão Benno roubava suas batatas. Foi emagrecendo, emagrecendo até que um dia, um pouco antes do inverno, amanheceu com muita febre e sem poder falar. Como já há muito tempo não dizia nada, ninguém percebeu e ela passou o dia todo debaixo da mesa com calafrios e suando muito. Lá pelas seis horas da tarde Hannah, a irmã mais velha, deixou cair um livro e ao se abaixar viu Regina encolhidinha, agarrada ao cadete Peter e à senhorita Mitzuke, desmaiada.

Suas amígdalas estavam infeccionadas, desfeitas em pedacinhos agarrados à sua garganta. Foram extraídas e Regina melhorou da febre, parou de gemer dormindo e aos poucos voltou ao normal, à sua vida no seu mundo na sua cidade debaixo da grande mesa de jantar. Mas seu coração sofreu as consequências. A partir aquele dia e por toda a vida Regina teve um coração frágil. Ela aceitou mais essa dificuldade e agora era uma pessoa feia por fora e estranha por dentro, com um coração delicado. Até que, cinquenta anos mais tarde, sem nenhuma delicadeza o coração a matou numa tarde muito quente de dezembro no Rio de Janeiro. Mas seus desenhos e suas bonecas sobreviveram.

— E onde estão hoje?, pergunta a mulher me interrompendo.

— Estão comigo, respondo seca e real.
— E você pode trazê-las para que sejam fotografadas?
— Não, não posso.
— Por quê?
— Porque ela me pediu para nunca as mostrar.
— Por quê?
— Não sei, nunca perguntei. Ela quis assim.

A lembrança viva de Regina tomou a sala. Era a minha tia da praia do Lido, do Rio de Janeiro, das férias de verão, dos vestidos de flores miudinhas, das queixas e do medo de praticamente tudo. Repetia que no inverno devíamos tomar banhos frios e curtos e, no verão, longos e quentes. Assim, o organismo e a mente aprenderiam a se defender e a lidar com as contradições. Eu entendia assim: se estivesse preparada, quando não houvesse comida, eu não sentiria fome. Se alguém me maltratasse, não sentiria dor, mas se alguém fosse gentil comigo, eu não entenderia. Sua maneira de viver me interessava sobretudo porque era muito diferente da sua irmã Sofia, minha mãe, para quem tudo se resumia à superação, ao esforço, à tenacidade. E ao Comércio é claro!

Ela sobreviveu à infância, à operação e à notícia da feiura do seu coração defeituoso. Tudo indicava que ela não passaria do quarto ou quinto obstáculo. Quando aquele frio começou em Viena, seus irmãos souberam se aquecer e escapar. Regina tomou um caminho estranho e resolveu resguardar toda a energia que havia em seu corpo magrinho, fininho. Saiu de debaixo da mesa e foi para a cama no quarto das meninas. Sua cama era encostada na parede que Regina encarava durante todo o dia. Algumas bonecas a acompanharam nessa estranha catalepsia. As irmãs ajudavam em tudo que podiam, mas afinal se "era assim que ela preferia viver, vamos deixá-la em paz". Doctor Flüss a examinou algumas vezes durante o pós-operatório e tranquilizou a família garantindo que ela estava bem.

— Mas bem? Como bem, se não se mexe, não fala, não sorri?, perguntou a mãe aflita.

— Ela sempre foi assim, não é?, respondeu tranquilo o doutor.

— Mas quanto tempo isso vai durar, doutor?, perguntou aflito *herr* Leon.

— O tempo que tiver que durar, meu amigo.

Doctor Flüss voltou mais duas vezes, receitou chás gelados, banhos quentes e caldo de galinha. E não apareceu nunca mais.

A pobre mãe aflita seguiu as recomendações e galinhas gordas apareciam na casa dia sim, dia não. A família tomava a canja, comia as coxas e o peito, a moela e o fígado, rejeitava o coração talvez em consideração ao coração delicado da silenciosa filha. *Frau* Fanny comia as poucas tirinhas de carne do pescoço. Regina tomava o caldo, não tocava nas carnes e olhava fixamente para o longo e lento percurso que a colher fazia do fundo daquele lago de água amarelada até a caverna escura e profunda da sua boca. Mas não sorria.

As semanas foram passando e a menina enfraquecendo naquela cama sempre virada para o muro. Uma tarde a mãe foi até ela com chá e os biscoitos e percebeu as lágrimas no travesseiro e na sua cara e o sangue nos lençóis entre as pernas. Abraçou forte a filha aterrorizada. Tomou as providências para que o sangue fosse contido pelos paninhos e as lágrimas fossem pelas palavras doces. Beijou muitas vezes a filha que se deixou amolecer no calor cheiroso dos braços da sua mãe. Dormiu por alguns dias tudo o que não havia dormido durante aquelas semanas. A mãe vinha, sentava à cama e sem dizer absolutamente nada a abraçava por longos períodos, três a quatro vezes ao dia. Regina chorava sem saber por quê.

Tempos depois, em uma tarde, Regina apontou para a janela, de onde ela via as fogueiras, as árvores marcadas com uma estrela e para duas mulheres vestidas de cinza que tocavam uma melodia russa em troca de moedas. Abraçou a mãe e sorriu. Finalmente ela havia compreendido que o pior estava fora de lá, fora daquela casa, longe daquelas pessoas que tinham tanto amor por ela. Disse que sim, que queria conhecer aquele Grande Doutor do qual toda Viena comentava. Disse que queria ser feliz.

— Mas está muito frio, disse *frau* Fanny.

— Não vamos esperar, não podemos esperar, disse *herr* Leon quando chegou das lojas à noite.

Na semana seguinte vestiram Regina com todas as meias e todas as lãs das meninas, e o casaco mais pesado e mais quente que *herr* Leon trouxera da loja 04 e, contra o vento e contra o frio, caminharam de mãos dadas contra o vento os seis quarteirões que separavam sua casa em Leopoldstadt até a rua Bergasse, na qual estava localizado o consultório do Grande Doutor. Um pesado portão, um pátio interno, uma escada em curva, um corredor pequeno, mais uma porta e lá estava ele. Regina se despediu e o seguiu para outra sala. Os pais aflitos permaneceram sentados no sofá na sala de espera enquanto Regina contava ao Doutor todos seus sonhos, bonecas e fantasias. Seu mundo debaixo da mesa. As pessoas por dentro e por fora. A operação de amígdalas e o coração. Uma hora mais tarde, ela tinha na saída os olhos vermelhos e cheios de lágrimas. O Doutor estava sério e olhava firme para os pais.

— Ela deve voltar mais vezes, disse.

— Mas como ela está?

— Vamos conversar mais vezes e então veremos.

Herr Leon vestiu o casaco na filha, cumprimentou o Doutor e saiu. *Frau* Fanny pediu um minutinho e obteve.

— Diga-me, *herr* Doctor, o que minha filha tem?

— Ela está muito triste, muito preocupada.

— Com o quê?

— Com esse frio, senhora. Ela tem medo do que está por vir. Mas vamos fazer de tudo para que melhore e diminua essa tristeza.

— Será que um dia minha filha será feliz?

— E o que é a felicidade, *frau* Fanny?

Benno

BENNO ERA O MAIS JOVEM, O MAIS ALEGRE E O MAIS BOnito dos filhos da *frau* Fanny e do *herr* Leon. Jogava tênis, jogava rúgbi, esquiava como um verdadeiro austríaco. Ele mesmo não se acreditava judeu, não imaginava que pudesse haver outra espécie de gente que não fossem os vienenses. Não queria estudar, não queria ler, não queria obedecer. Desde os quinze anos Benno conseguia seu próprio dinheiro fazendo pequenos serviços para o pai. Tinha sorte, muita sorte. Ganhava apostas com facilidade, calculava prêmios, jogava cartas, fichas, roleta. Apostava no Derby e nunca perdia. E gastava quase tudo. Uma parte entregava para a mãe, uma parte para suas roupas e relógios e o resto para as doces damas com quem dançava e ria.

— Você o conheceu?

— Sim. Benno morreu apaixonado pelas mulheres. Viveu em Milão e morreu no Lago Maggiore nos braços de Lia, uma italiana com quem se casou aos setenta anos. Lia telefonou para minha mãe e lhe comunicou a morte assim: Signora Sofia, il suo fratello Benno é morto. Ma prima di morire mi ha detto ancora una volta: Lia, quanto sei bela, Lia mia. Signora Sofia, io amava tanto il suo fratello, l´amava moltíssimo!

Minha mãe ouviu com toda a atenção e quando desligou o telefone me disse: Era a Lia. Seu tio Benno morreu. Ela cuidou bem dele. Não como aquela mulher pela qual ele ficou meses desaparecido no Marrocos.

— No Marrocos?

— Sim, com vinte e três anos Benno foi à Espanha, a Barcelona. Lá ele conheceu um tenista marroquino, Mahmud, que o convidou a visitar sua família, sua cidade. Benno não vacilou um minuto e pegou o navio com esse rapaz. Quando lá chegaram toda a família esperava por eles no porto.

As moças árabes de olhos muito escuros quando viram os seus olhos muito azuis tiveram receio de pôr a perder suas vidas. Sim, as mulheres imploravam que ele olhasse só mais uma vez para elas. Chegou um ponto que Benno só saía à rua de óculos bem escuros para não causar ciúmes nos maridos, inveja nos amigos e loucura nas mulheres. Nas casas, à noite, ele olhava para baixo sempre que uma mulher casada lhe era apresentada. Assim ele evitava graves complicações.

Em Fez, ele foi para a casa do amigo que tarde demais se deu conta do problema que havia trazido para dentro de casa. Mesmo sua mãe, a matrona Nouchine, passava longos minutos boquiaberta ouvindo o que Benno lhe dizia bem de perto e olhando para aqueles olhos azuis. Benno ficou amigo de todos e aprendeu rápido a baixar os olhos e a não encarar as mulheres da casa. Mas um dia, numa das ruas de Fez, viu uma janela fechada por uma veneziana, onde soube que vivia uma mulher que passava longos períodos sozinha. Benno passou pela rua, e ela deixou cair o xale que cobria a sua cabeça. Ela pediu desculpas, ele olhou para cima, para ela. Pronto! A janela abriu e a mulher se mostrou. Ele esqueceu a vida e subiu. Naquele dia, ela abriu a porta da rua, do corredor, do quarto. E fechou bem a veneziana. Ele entrou na penumbra e ficou parado sentindo o perfume com o xale na mão. Ela se aproximou com uma vela acesa e iluminou seus olhos. Nada a dizer. Um suspiro, um toque, a mão dela fechando suas pálpebras, a mão dela no seu rosto, a mão dele no seu cabelo, o corpo dela colado no seu. Ele ficou por algumas horas e fugiu quando o marido chegou.

Voltou no dia seguinte, e no outro e sempre. Por mais de três meses. Noites quentes, luas cheias, estrelas. O perigo das aventuras de capa e espada.

Apaixonados, eles combinaram fugir. Ela hesitou quando pensou em si mesma, mas aceitou quando pensou em viver sem ele. Planejaram a fuga, o carro, os cavalos, os camelos, os navios. Mas o marido já sabia de tudo – ele foi alertado pela empregada malvada. Armou a tocaia, contratou o assassino e amarrou a mulher ao pé da cama, amordaçada. Benno chegou na hora marcada, jogou pedrinhas na veneziana, assobiou como o pássaro que canta à noite, e nada. Um vulto se aproximou, levantou o punhal e Benno atirou. Matou o assassino, foi preso – masmorras, fumaças, correntes, chicotes. Foi condenado à morte. Em Viena, a família não desconfiava de nada.

No julgamento Benno chorou e se arrependeu em francês e em árabe, pediu desculpas, rogou clemência! Mostrou os olhos cheios de lágrimas para o juiz que acabou por deportá-lo.

— Saia daqui, leve a sua vida bem longe e nunca mais volte.

Benno caminhou pela estrada até chegar morto de fome e cansaço à casa de uns pastores. A mulher ao olhar nos seus olhos predisse:

— Você há de viver o dia em que, do alto, verá estrelas amarelas tingidas de sangue. Sangue do seu povo!

Na mesma noite Benno foi levado até o porto e embarcou no navio francês. Quem estava lá? A amada que finalmente abandonara a sua vida para viver com ele em Viena. Desembarcaram em Marselha onde ela tinha uma prima que trabalhava na casa de um xeique. Benno, que não tirava os óculos nunca, foi apresentado à esposa do xeique – ela queria que ele ensinasse alemão para sua filha. Ele aceitou prontamente, mas em algumas semanas a adolescente conseguiu tirar seus óculos durante a aula. Ela se apaixonou, ele se entregou àquela nova aventura e a amada marroquina, que havia abandonado tudo por ele, rejeitada, tramou vingança. Contratou um assassino que esperou por Benno na esquina da casa. Ele chegou à rua, viu um vulto que o seguia e que se aproximou com um punhal. Benno sacou daquele mesmo revólver, atirou e matou o assassino. Foi preso, convenceu a todos que agiu em legítima defesa, e foi absolvido. Em poucas horas saiu da cadeia, da casa, da cidade.

A mulher interrompe para trocar a fita do gravador e me pergunta como eu tinha conhecido esse tio. E seus olhos?, ela pergunta sapeca. Eram deslumbrantes, respondo séria.

Retomo: Ele saiu desse romance, saiu do Oriente e embarcou direto para Viena, ignorando os avisos que lhe diziam que alguma coisa muito estranha acontecia por lá. Pegou o trem. Do calor árabe, caiu diretamente no gelo austríaco.

— Como você conheceu seu tio Benno?, pergunta a mulher.

Já bem velho, quando vivia em Milão, ele costumava vir ao Brasil. Sempre o levávamos à praia. A primeira vez, quando descíamos a Serra do Mar pela estrada, ele pediu para parar o carro no acostamento. Ficou por alguns momentos silencioso olhando aquela floresta imensa.

— Por que não plantam nada?, perguntou para mim. Por que não cultivam a terra? Um país com tanta fome.

Sem esperar resposta entrou no carro e seguimos viagem.

Na praia ele falava com todas as pessoas e chupava picolés de maracujá. Uma tarde apareceu na casa de praia com um garotinho negro, pobre. Pediu que eu explicasse para ele onde era a Itália e como ele seria feliz se conhecesse o Lago Maggiore, na Suíça. Eu falava, o menino sorria, Benno mostrava fotos turísticas, cartões postais. Meu tio quis conhecer a família dele, a mãe, os irmãos. Foi à escola do garotinho, contou histórias que eu traduzi, assoviou canções napolitanas. As crianças e as professoras prepararam um lanche com bolo de fubá e suco de maracujá. As crianças tocaram pandeiros, cantaram samba, as meninas dançaram e o Brasil se instalou definitivamente na alma do meu tio Benno. Naquele mesmo dia, cheio de afeto e maracujá, ele decidiu nunca mais ir embora. Ficaria ali mesmo para sempre e viveria da pesca e de contar histórias. Minha mãe tentou lhe explicar que não poderia ficar assim sem mais nem menos. Não conseguiu. Ele ficou.

Voltamos para São Paulo, ele foi à procura da cidadania brasileira. Benno era apátrida, tinha um passaporte amarelo arranjado pela Cruz Vermelha quando o resgataram de um campo de concentração. O passaporte não valia quase nada, não era aceito. Para o Brasil, meu tio praticamente não existia. Para ele não existia outro lugar no mundo. Deram-lhe então uma autorização para permanecer por mais algum tempo. Ele acreditou que esse era o sinal que precisava para que aos poucos o país o aceitasse. Ficou conosco por alguns meses saindo todas as manhãs na busca de alguma autoridade que fosse sensível às suas súplicas e àqueles famosos olhos que já não reluziam mais como antes. Voltava triste, trazia pão, conversava muito com minha mãe e aprendia português comigo.

Foi então que a Companhia de Ópera do La Scala de Milão aportou no Teatro Municipal para apresentar "La Traviata", a sua ópera predileta. Fomos juntos comprar os ingressos. Quando chegamos ao teatro ele pediu para entrar e inventou uma desculpa em italiano que fez com que os funcionários o confundissem com um integrante da trupe. Felicíssimo, ele foi rapidamente conquistando os italianos. Saíram naquela noite para conhecer a cidade e tomar pinga com maracujá. Na noite seguinte eles o convidaram para isitaha-los nas apresentações no Rio de Janeiro. Sem qualquer dúvida ou demora, ele os acompanhou. Na trupe estava Lia Benedetti, que cuidava dos figurinos. "La Traviata" e *la* Lia foram suficientes para que Benno desistisse do samba e da cidadania brasileira. Partiu com eles no mesmo navio de volta para Europa, cuidando dos objetos cenográficos. Voltou algumas vezes com Lia, que era bem gorda e muito simpática. Lia me deu figurinos e adereços de óperas que guardo até hoje em um baú. Fui isita-lo em Milão já bem velhinho, ainda animado, ainda cantando na rua e sendo cumprimentado pelas pessoas: Buona sera, Commendatore! Morreu feliz e sem se preocupar um só dia de sua vida em saber o que seria a felicidade.

Hannah

— A IRMÃ MAIS VELHA?

— Sim, naquela casa o anjo da guarda de todas essas pessoas era Hannah.

— O que você quer dizer com anjo da guarda?

Hannah, a irmã mais velha de Sofia, era alta, magra, ruiva, firme, determinada. Usava vestidos compridos estampados de cores fortes quando a moda era usar vestidos curtos, lisos, de cores discretas. Vestia sandálias altas que a empurravam para mais de um metro e oitenta e chapéus brancos em pleno inverno. Hannah era dois anos mais velha que Ricardo que era dois anos mais velho que Herman que era dois anos mais velho que Regina que era dois anos mais velha que Sofia que era dois anos mais velha que Benno.

Assim sendo, ela teve que ajudar a cuidar dos mais novos. Cuidou de Sofia, de Regina e de Benno. Com muito carinho e disciplina. Hannah era louca por música leve e pelos folhetins de rádio do final da tarde. Além do rádio lia as revistas femininas e juntava tudo isso em longas histórias que inventava e contava aos irmãos quando *frau* Fanny e *herr* Leon saíam para o cinema. Eram sempre histórias de amores destruídos pelo ciúme, pela guerra, pela loucura. Ela tinha uma heroína predileta, uma inglesa, antropóloga, pesquisadora dos distantes museus do Oriente, chamada Agnes Poppe. Era uma mulher deslumbrante, alta, ruiva como ela, que chegava a fumar mais de trinta cigarros e beber duas garrafas de vinho tinto num só dia. Agnes tinha pouco mais de vinte anos e desde a infância viajava com seu pai, sir Poppe, um grande antropólogo, diplomata, escritor, maestro, pianista, violinista, nos exóticos navios que desciam o Nilo, o Ganges e outros tantos em busca das relíquias orientais.

— Quais navios? Quais?, os irmãozinhos perguntavam.

Não importa, Hannah respondia aborrecida. Eles mantinham os trajetos e os destinos em segredo para que as escavações não fossem descobertas e roubadas.

— Quem roubava?

— Os bandoleiros do Norte, os assassinos do Sul.

— E do Leste? E do Oeste?

A mesma coisa, as mesmas hordas de homens e mulheres que viviam no deserto e atacavam à noite, matando a todos quando era necessário.

— E Agnes Poppe? E seu pai?

Eles eram extremamente espertos e muito ricos. Pagavam aos trabalhadores para não contar nada aos bandidos. Pagavam com os próprios resultados das escavações, pois em geral, topavam com impressionantes tesouros enterrados há milênios. Não só as múmias, como as máscaras, os marfins, jades, lápis-lázulis, ouro e pedras preciosas.

Hannah pedia a Regina que prestasse bastante atenção quando descrevia as joias detalhadamente para que ela as desenhasse. Assim começava a ser criada a famosa Coleção Poppe. Cores fantásticas de pedras que não existem mais, desenhos que revelavam melhor que as fotografias as faces dos reis, os bigodes dos califas, as barbas dos chineses impondo novos relatos, novos desfechos. Regina desenhava freneticamente, enchendo as folhas de papel com detalhes que ilustravam as histórias. Relatos muito reais, casas muito bem detalhadas desde o chão da entrada até as pinturas dos tetos.

Uma ocasião, *herr* Leon trouxe um livro ilustrado com pinturas dos pré-rafaelitas para que as meninas tivessem mais informações sobre os povos distantes. Regina e Hannah conseguiram criar coleções inteiras de joias baseadas nos tesouros egípcios. Uma cliente das lojas de *herr* Leon se encantou com os desenhos pendurados nas paredes. Pediu para conversar com as jovens artistas e a partir daí Regina passou a desenhar as joias que uma joalheira da colônia judaica, a senhora Bluma, de origem romena, fabricava. Essa senhora mais sensível aos boatos do Oriente do que à realidade, percebeu naqueles desenhos possiblidades imensas de mercado. Eram tempos de profunda admiração pelo que vinha do Oriente.

Hannah contava, Regina desenhava, Benno as apresentava às mulheres e Sofia vendia. Até hoje colecionadores buscam e encontram joias remanescentes da Coleção Poppe. Assim que Regina viu seu primeiro desenho transformado em um broche, o segundo em imensos brincos, o terceiro em duas pulseiras e o quarto em um conjunto de colar e brincos, não quis mais saber de outra vida. Correu até a rua Bergasse e procurou pelo doutor para lhe contar que finalmente se sentia muito feliz. Mas naquela noite, sem avisar ninguém, ele havia emigrado para Londres. Regina, porém, não deixou que a sua falta atrapalhasse esse seu novo estado de ânimo. E assim foi por alguns meses.

Feliz num primeiro momento, Hannah aos poucos percebeu que Regina não voltava mais das felizes viagens ao Oriente e passou a se culpar não só pelas perturbações mentais da irmã como pela infelicidade que trouxera para dentro de casa e que golpeou profundamente seus pobres pais. Ficou um bom tempo, quase um ano, sem contar nenhuma história, para desespero de Benno que começou a ter dificuldades para dormir e tristeza de Sofia que não tinha mais o que vender e, portanto, havia perdido momentaneamente o sentido da vida. Hannah e Regina ficavam por longas horas sentadas à mesa, uma olhando para a outra. Quando escurecia, Hannah se levantava para arrumar a mesa do jantar. Regina então voltava para seus orientes de felicidade.

Muito tempo depois *frau* Bluma, que sobreviveu aos invernos fatais, contou para minha mãe que a joias foram muito mais do que brincos ou broches, formaram o elo entre o Ocidente e o Oriente, entre os judeus da Europa e os da Espanha, do Marrocos, da Palestina. Além disso as joias salvaram as famílias judaicas que perderam tudo durante o inverno, porque podiam ser escondidas nos sapatos, no forro dos casacos, entre o chapéu e a cabeça.

Podiam ser guardados debaixo da língua como havia feito a senhora Ruth quando se viu encurralada numa pequena ponte entre os caminhões que, da esquerda para a direita traziam as árvores estreladas para as fogueiras e, da direita para a esquerda levavam os soldados que iam recolhê-las.

— Que pontes eram essas?

Ao atravessar as pontes que ligavam os bairros da Cidade os moradores eram interrogados e eventualmente revistados pelos soldados dos Trens de Fogo que em geral pediam doações sem aceitar recusas. Uma espécie de pedágio pela vida. Sem dinheiro e sem ter como escapar, uma dessas moradoras, a senhora Ruth, ao avistar a barreira tirou os brincos e os colocou na boca do filho.

— Fique calado, não diga nada, guarde esses brincos bem guardados debaixo de sua língua, disse ela para o filho.

E assim conseguiram passar pelas chamadas Barreiras Geladas, quando os soldados examinaram a senhora Ruth, mas esqueceram da criança. Aliviados, mãe e filho chegaram ao outro lado da ponte, continuou a senhora Bluma. Assim perceberam que poderiam ajudar outras famílias a passar os tesouros da Coleção Agnes Poppe para o outro lado durante os terríveis anos gelados. Essa era a única possibilidade que as famílias judaicas tinham de escapar de perder tudo nas doações compulsórias. Até que um dia, um soldado de pupilas muito escuras ofereceu um pedaço de pão com manteiga para o filho da senhora Ruth. O pobrezinho, com muita, muita fome, abriu bem a boca e de lá surgiram: um colar de pérolas de três voltas com fecho de rubis, um anel em formato de serpente com olhos de brilhantes, um broche em forma de três gatos de duas cores diferentes e bigodes de ouro, uma pulseira de ouro trabalhado também em forma de serpente que dava voltas no braço, e dois brincos de imensas pérolas que possivelmente pertenciam à mesma proprietária do colar de três voltas.

A senhora Ruth pensou rápido e sentou um tapa na cara do seu filho.

— Ladrão, ladrão! Você é uma criança má, uma criança desobediente!, gritou bem alto com muita ênfase na palavra criança.

— Veja só senhor soldado, meu filho é uma criança maldita, eu vou me matar, uma desonra para nossa família, vamos embora de Viena, vamos embora da Europa, não há mais lugar no mundo para pobres pais de uma criança má!

— Senhora, senhora, por favor, acalme-se. Eu vou restituir todas essas joias aos seus donos e não falaremos mais nesse assunto. São tempos difíceis, possivelmente a fome e o frio fizeram com que seu filho chegasse a esse gesto desesperado.

Nesse momento o filho que chorava por causa do ardor na orelha esquerda e porque não havia entendido o motivo daquele tapa, percebeu o que se passava e começou a gritar

— Perdão mamãe, perdão mamãe! Nunca mais eu farei isso, nunca mais vou lhe entristecer. Perdão mamãe!

Já cansado daquela gritaria, o soldado começou a recolher as joias que até aquele momento decoravam um montinho sujo de neve. O filho da dona Ruth se atira no chão gritando.

— Eu vou! Eu devolvo! Eu quero pedir desculpas!

A senhora Ruth percebe a inteligência do menino e grita.

— Você tem que fazer isso mesmo! Os donos são vienenses, são joias da nobreza austríaca, são pedras preciosas dos castelos! Vamos devolvê-las!

O soldado, sem perguntar a quem pertenciam as joias, se afasta satisfeito, desejando que aqueles dois sumissem da sua frente porque além de insuportáveis lhe trariam problemas, noites de depoimentos, investigações, prisões e, finalmente, morte. Os saques, roubos e, sobretudo, a recusa em entregar aos soldados as "doações" eram punidos com a morte. Mesmo que as joias e propriedades de uma família fossem suas há séculos, eram consideradas do Estado. Não bastavam os documentos, os habitantes eram obrigados a provar como, quando, e de onde tinham adquirido o que diziam ser seu. Para os habitantes o perigo era enorme. Quem se recusasse a doar seus bens de livre vontade era preso e deportado junto com todos os membros da família. Mesmo as criancinhas pequenas eram culpadas.

As peças Coleção Poppe foram adquirindo um valor imenso. Hannah percebendo isso proibiu Sofia de revender as joias com as quais a senhora Bluma pagava os desenhos de Regina. Ela lhes fizera uma proposta: a cada dez desenhos uma joia simples, a cada trinta uma mais cara e a cada cem desenhos uma verdadeira relíquia. Como Regina continuava a desenhar compulsivamente, a Coleção Poppe passava de mil joias, o que trouxe para a família das meninas segurança para momentos difíceis. E foram essas joias que salvaram a vida de Regina e seus irmãos. Essas pedras em formas de gatos, tigres, pavões, lagartos e serpentes lhes permitiram um dia atravessar a ponte e desaparecer do outro lado.

E foram essas maravilhas que levaram a família ameaçada de morte para os Bálcãs. Para a Iugoslávia. Para o Brasil. Para a África. E para fora do quartel general da Gestapo para onde foi parar Sofia – que nunca acreditou que "uma coisa dessas aconteceria com ela". E Hannah, separada de Regina e das relíquias, seguiu com os pais para Sarajevo.

E de lá para o campo de concentração.

Herman

HERMAN ERA CALADO, TACITURNO. PARA ELE A VIDA NÃO fazia muito sentido. Não se interessava nem pelas histórias, nem pelas joias, nem pelas bonecas. Muito menos pelas lojas ou pelo comércio. Os pais se perguntavam constantemente o que seria daquele rapazinho magro, quase especial. Quando se formou no colegial, ele, que nunca havia sido notado na escola, foi chamado para ser o paraninfo da turma. Uma surpresa para todos, mas não para ele que havia apresentado ao seu professor de biologia um estudo deslumbrante sobre os animais, sobretudo os pássaros desconhecidos. Então era isso? Então ali ele se refugiara todos aqueles anos? Herman descrevia em detalhes as aves fantásticas de reinos e florestas que existiam, até então, unicamente nos contos de fadas. O professor para quem ele havia confiado o tesouro percebeu logo que estava diante de um adolescente raro. Cada ave merecera uma página detalhada das cores, plumagem, hábitos, procriação, ambiente natural. Cada pássaro tinha seu pio reproduzido que podia ser ouvido quando as palavras eram lidas. Não havia nenhuma explicação nem havia necessidade. Ninguém poderia dizer que o menino não estivera na América, na África. A quantidade de animais impressionava, eram mais de cem. Perguntado, Herman sorria timidamente e repetia: eu sei que eles são assim, o que eu não sei é por que sei.

Convidado, ele foi numa tarde de inverno, acompanhado do pai à Real Universidade, conversar com o reitor que era ornitólogo. *Herr* Leon seguia o filho pela imensa praça e pelas imensas escadarias do imenso prédio, um tanto orgulhoso, um tanto constrangido. E muito preocupado. O que seria feito de seu filho? O que seria feito daquele caderno? O que um pai deveria fazer em situações como aquela? Nunca havia visto ou ouvido falar de alguém que tivesse um filho como o seu. E isso importava?

Sentados na antessala do maior entendido em pássaros de toda Viena e um dos maiores entendidos de toda Europa, pai e filho evitavam se olhar. Herman queria muito, muito, a aprovação e os elogios de seu pai. *Herr* Leon desejava muito um filho que seguisse adiante com as lojas que viesse a ajudar Sofia no dia a dia do comércio constituído com tanto esforço. Pessoas entravam e saíam da sala. Algumas conversando animadamente, outras cabisbaixas, preocupadas. Cada vez que a porta abria Herman conseguia ver os pássaros empalhados. Ia ficando cada vez mais nervoso, mais angustiado.

— *Herr* Leon, faça o favor de entrar. O Professor os espera.

— Herman, meu filho, por que um pássaro teria as penas douradas, meu filho?, perguntou o Reitor.

— Porque ele se alimenta do ouro das minas da Amazônia.

— Herman, por que um pássaro poria ovos do tamanho de uma bola?

— Porque ele é maior que um homem. E a fêmea é maior ainda.

— Herman, como um pássaro pode cantar durante três dias e três noites sem parar?

— Porque a fêmea despeja comida e água toda vez que ele abre o bico para aquecer ou refrescar a sua garganta.

— Herman, meu filho, como um pássaro pode mudar de cor quando quer?

— Porque quando esse pássaro voa por semanas e chega a um lugar desconhecido e diferente daquele de onde saiu, ele quer ser aceito, quer pertencer ao novo bando.

— Herman, meu filho, como você sabe que no Brasil as plantas têm o tamanho dos edifícios de Viena?

MINHA MÃE INVENTADA 53

— Porque vi no mapa o quanto o Brasil é grande. Em Viena essas plantas tomariam o lugar dos moradores, mas lá sobra espaço e os habitantes moram dentro e debaixo delas.

— Herman, meu filho, o que você quer ser quando crescer?

— Eu vou ser como o senhor. Quero ver tudo isso de perto e muito mais. Vou viver longe daqui, vou para a África.

— *Herr* Leon, cuide bem do seu filho. Cuide dele mais do que de todos os seus outros seis filhos. Ele tem um dom, tem um destino.

— Um destino? E qual seria esse destino, Professor?

— Sim, *Herr* Leon, o destino de mostrar à Europa que não somos os únicos, não somos os sábios, não somos os melhores. Seu filho vai conseguir desmontar as teorias mais arraigadas, mais preconceituosas. Seu filho pode fazer com que as pessoas acreditem que podem ir além, podem perguntar, conhecer. Imaginar os pássaros mais impossíveis.

— Mas eu não imaginei! Eu sei!, grita o menino

— Sim, meu filho, você sabe. Mas por enquanto é melhor que as pessoas continuem pensando que você imagina. Volte sempre, volte quando você quiser. Vou deixar seu nome na Biblioteca para que você possa entrar e ser bem recebido. Esta é a sua casa. Cuide do seu filho, *herr* Leon. Tire seu filho daqui quando ele for ameaçado.

— Muito obrigado pelo meu filho, Professor. Vamos Herman.

E assim eles desceram as escadarias lentamente e sem falar. *Herr* Leon caminhava um tanto orgulhoso, um tanto amedrontado, sem ter a menor ideia do que havia se passado na sala do Professor. Herman olhando para o pai, juntou as mãos sobre a boca e imitou o longo pio do Pássaro de Ouro. *Herr* Leon, sem saber por qual motivo, tentou imitar o pio de Herman. Atravessaram a imensa praça piando alto e rindo.

— Então, pai? Compreendeu agora? Qualquer pessoa pode saber tudo sobre os pássaros. A questão é que só eu quis fazer isso.

Em casa, os irmãos esperavam pelo resultado da consulta. Frau Fanny esperava pela volta deles sãos e salvos. Temia pelo filho, não queria que o Reitor zombasse dele. Regina e Hannah já sabiam que o irmão estava certo e quem o julgava louco tinha inveja da sua sabedoria. Eles chegaram, pararam de piar e começaram a falar. *Herr* Leon contou sobre a entrevista, a surpresa do Professor com as respostas de Herman, o pássaro que come ouro, o que canta sem parar, o que voa para longe para outros continentes. Os irmãos se acalmaram, a senhora Fanny respirou aliviada, a tranquilidade reinou na casa e todos em silêncio admiraram o irmão. Hermann jantou feliz com a família e foi para o quarto com o seu caderno. Novas aves fantásticas apareceram e ele as descreveu em detalhes com o maior carinho. Pensou até em escolher uma delas para lhe dar um nome e a sua amizade. Os irmãos saíram para brincar na rua ainda iluminada por causa do verão. Herman ficou sozinho e logo começou a ouvir os pios e o bater das asas. Abriu o caderno e fechou os olhos. Desenhou com prazer as cores fantásticas dessa ave africana, da Etiópia. Um pássaro azul-escuro, a cabeça branca e uma coroa amarela no pescoço. De tamanho médio, esse pássaro poderia passar por uma ave comum. Mas não é. A sua singularidade não está na plumagem, no tamanho ou no pio. Está no seu voo: é o Pássaro Deitado que voa de barriga pra cima, olhando para o céu em vez do chão. Ele movimenta as asas como um remador olímpico empurrando o ar para trás. O Pássaro Deitado se alimenta à noite quando desce para a terra e caminha na beira dos rios, dos lagos. Mais um detalhe, à noite ele se transforma num pato e navega elegante caçando pequenos animais aquáticos. Os habitantes das terras onde ele vive contam histórias maravilhosas sobre esse animal que dá seu nome a uma tribo de homens também azulados e de cabeça branca. Motivo de várias expedições inglesas e alemãs, essas tribos de homens azuis se escondem da civilização do outro lado de uma caverna labirinto que nunca foi ultrapassada. Os mais ingênuos deles, que saem do labirinto levados pela curiosidade de conhecer as tribos brancas, são aprisionados pelos civilizados e trazidos para a Europa. Mas poucos chegam porque não resistem ao clima frio e à proximidade da água salgada do mar. Uma ocasião, um casal de Homens Azuis foi aprisionado e levado num grande navio. Eles ficaram guardados numa câmara à prova do frio e da água do mar. Contam que uma revoada de Pássaros Deitados acompanhou o navio até perto do destino final. O casal sobreviveu por mais de quarenta anos nos Alpes, período no qual foi lentamente perdendo a cor azul e se tornando mais um europeu branco. Viveram tristes, mas se conformaram em sobreviver das histórias que contavam e das canções que cantavam. À medida que foram se europeizando, porém, perderam a graça e morreram na pobreza.

Uma ocasião, Herman realizou um dos seus maiores sonhos e foi ao Marrocos visitar o irmão Benno. Ele se correspondeu durante meses com ornitólogos famosos e também com os Contadores de Histórias das cidades na periferia de Marrakesh. Esses Contadores, na sua maioria homens, fazem parte de uma seita de origem muçulmana para a qual só o relato artístico conduz à iluminação. O fiel, o aprendiz, mesmo o mestre, têm que aprender a fazer alguma coisa à perfeição. Assim os bebês são avaliados no seu choro, as crianças no seu andar, para que desde logo sejam conduzidas para a Escola de Canto, de Dança. Os Examinadores visitam constantemente as casas convidados pelas famílias que sonham em ter seus filhos fazendo parte da Escola. Poucos são escolhidos Contadores de Histórias e levados para o cume das montanhas onde passam muitos anos falando bem alto para que o Eco repita suas palavras e eles possam se ouvir como o farão para as multidões mais tarde. Assim sendo, eles leem um parágrafo em voz baixa, em seguida um pouco mais alto e finalmente gritam bem forte para que as montanhas os ouçam e mandem de volta sua voz, sua entonação, sua oratória.

Herman, avisado por Benno que conhecia seus interesses, chega ao Marrocos na semana do Grande Encontro dos Contadores de Histórias. Permanece na cidade por três dias e no quarto, antes do amanhecer, embarca no ônibus lotado que o leva até as montanhas, até a Escola. Durante mais de sete horas sobem por uma estradinha cheia de obstáculos e maravilhas. As pessoas falam francês, o que permite a Herman se comunicar com elas. Naquela época o francês era o inglês do mundo. Chegam em pleno meio-dia. A aldeia era deslumbrante e estava inteiramente enfeitada com bandeirolas e flores. No refeitório onde Herman vai almoçar, um livrinho com todas as histórias que seriam contadas era distribuído gratuitamente. Era um livrinho de impressão modesta, lindamente ilustrado. Os relatos estavam escritos em árabe, mas qualquer pessoa podia seguir as aventuras pelos quadrinhos. Foi então que Herman viu o desenho de uma ave com uma criança, uma menina, no bico. Perguntou para uma mulher que havia viajado com ele no ônibus do que tratava aquela história. A mulher riu do seu desconhecimento, afinal, boa parte daquela história se passava na Europa.

— Na Europa?

— Sim, acho até que essa história é de seu país...

— Da Áustria?

— Do Império Austro-Húngaro. Essa ave se chama Águia Imperador.

— E a menina?

— A Águia Imperador viaja por outros países roubando crianças magrinhas que saem para passear nos dias de muito vento...

— Como assim?

— Ela sai da quente floresta africana que é seu habitat natural e vai até as Cidades frias, onde venta muito. Dizem que ela é capaz de identificar e seguir os ventos para ir à cata dessas crianças.

— E o que ela faz com essas crianças?

— Ela as devora.

— E os pais dessas crianças, e os governantes das cidades dessas crianças, o que fazem?

— As histórias que falam dessa ave contam que os pais e as outras pessoas choram desesperados. Seguem o pássaro por muitos quilômetros, dias e dias até perdê-lo de vista.

— E então?

— Então voltam para suas Cidades, para suas casas, para os outros filhos, igualmente magrinhos e procuram refazer suas vidas. Pobres pais, pobres crianças.

— Por que será que os Contadores gostam de contar essas histórias tão tristes?

— Para que tomemos cuidado, para que não aconteça nunca mais...

A conversa é interrompida pelo som de um berrante. Herman e a mulher se levantam e saem para ver a primeira rodada de histórias. A aldeia inteira, inclusive os doentes, os muito velhos, os paraplégicos, todos vão para a beira da montanha. Entre moradores e visitantes, umas dez mil pessoas aplaudem, gritam, agitam bandeirolas. O berrante soa mais uma vez, e outra, e outra. O Eco responde. O primeiro contador aparece numa espécie de pontilhão avançado sobre o precipício. Abre os braços, fecha os olhos e é ovacionado pela multidão. O berrante soa pela última vez. Kambiz, o Contador de Histórias, começa o primeiro relato, a História da Tarde. As pessoas ouvem em sagrado silêncio. Herman abre o livrinho e vê a ilustração de um cavalo alado montado por um jovem negro, um guerreiro. Ele tem uma espada na mão direita e o braço esquerdo erguido com a mão espalmada. Na ilustração seguinte ele sobrevoa uma Cidade em direção ao mar. Na terceira um enorme dragão tem a sua cabeça cortada pela espada, na quarta um enorme tufão tem sua força neutralizada pela mão espalmada, na outra um terremoto não lhes causa nenhum dano porque o cavalo levanta voo. E assim por diante, o Contador enumera as façanhas do Príncipe Guerreiro e seu cavalo alado.

O sol se põe durante o relato, mas seu rosto continua iluminado pelas velas que são imediatamente acesas. Ele conta as incríveis façanhas durante exatamente duas horas. Exausto, o Contador chega ao fim do relato e cai desmaiado. É carregado em triunfo pelas ruelas. Herman segue a procissão de cantos e tambores até uma casa, a maior de todas. É a Escola! Sem saber o que fazer, ele para na escadaria e o Contador passa por ele ainda carregado, mas já acordado. Para ver seu rosto de perto, Herman se aproxima. Nesse momento ele é empurrado para dentro de um grande salão. O clima é de total reverência. O Contador senta numa poltrona de encosto muito alto enquanto outro Contador, paramentado como ele, se despede e sai pelo portão em direção à montanha. O portão se fecha atrás dele, o salão esvazia. Trazem leite de cabra, romãs, tâmaras e mel. O Contador se alimenta e refaz as energias. Ele faz sinal para que Herman se aproxime. Quando chega bem perto consegue ver seu rosto. Ele é muito jovem.

— Qual é a sua origem?, pergunta.
— Sou austríaco.
— Ah, como a Águia.
— Mas não sou nobre.
— Gostou da história que contei?
— Sim, muito! Gosto de histórias de animais que voam.
— Mais do que histórias de príncipes e heróis?
— Sim, muito mais.
— Por quê?
— Porque os animais são mais confiáveis.
— E você é feliz?
— Não sei o que é a felicidade. Você é feliz?
— Para o que serve a felicidade?, pergunta o Contador se levantando.

Ele abraça Herman e sai da sala. Ao longe pode se ouvir o berrante avisando a multidão que a segunda história, a História da Noite, vai ser contada. Herman volta para o acampamento tarde da noite. Não consegue dormir. A aldeia vai aos poucos ficando silenciosa. Não se ouve mais nada. No dia seguinte a mesma coisa, começando pela terceira história, a História da Manhã. Passados os três dias o melhor Contador é coroado e as pessoas se despedem e começam a descer as montanhas comentando as maravilhas que acabam de ouvir.

O ônibus chega à Cidade e Benno recebe o irmão transfigurado. Nunca mais ele seria o mesmo. Herman acabara de encontrar o sentido da vida. Acabara de encontrar seu caminho, seu povo, seu futuro. De volta a Viena, ele se inscreve no Liceu de Artes e durante cinco anos estuda os contos, lendas e verdades sobre os animais fantásticos. Pouco depois da chegada do grande inverno parte para a África, onde viverá por toda a sua vida. Quando morre, aos noventa anos, deixa uma arca de madeira repleta de desenhos deslumbrantes de pássaros imaginários de todos os países, de todas as culturas, de todas as mitologias, de todo o mundo.

— E onde estão esses desenhos?, pergunta a mulher.

Estão expostos num pequeno museu no coração do continente africano e são visitados por milhares de pessoas todos os anos. A obra mais fantástica é uma enorme tapeçaria de mais de vinte metros de comprimento feita por um grupo de artesãos vindos dos cinco continentes que trabalharam juntos por mais de uma década. Quando lá chegaram os artesãos mal se cumprimentavam, cada qual mais orgulhoso de seus pássaros. Até um princípio de violência aconteceu no acampamento entre representantes de países em conflito. Mas os organizadores – e, sobretudo, Herman – conseguiram contornar as inimizades centenárias e convencer esses duzentos homens a conviver e trabalhar juntos.

Vamos desenhar os pássaros: as pessoas que virão preferirão conhecer a beleza às brigas e violências.

Em pouco tempo a amizade entre os desenhadores substituiu o instinto guerreiro e apesar de alguns atritos na disputa de território para seus pássaros, a boa convivência seguiu prevalecendo. Homens e mulheres trabalhavam no salão principal das seis da manhã às dez e meia, paravam para almoçar e esperar o calor diminuir e retomavam das dezesseis horas até às onze da noite. Nos fins de semana música, dança, comidas exóticas, e muita, mas muita sedução. Os homens e mulheres de países muito religiosos, puritanos, ficavam nas festas até uma determinada hora. O respeito pelas tradições de cada pessoa era a regra máxima. Em vários lugares do Museu havia placas com os dizeres:

> SOMOS DIFERENTES POR FORA, SOMOS IGUAIS POR DENTRO. ISSO NOS FAZ MARAVILHOSOS. ISSO NOS DEFINE HUMANOS.

Cada um desses seres humanos especiais cuidou de tecer o seu pássaro pousado nas plantas do seu país, voando no seu território, se alimentando do seu ouro, das suas pedras preciosas. O resultado está exposto no salão principal até hoje. Na tapeçaria estão mais de mil aves lindamente bordadas, dispostas a partir da mistura de cores, tamanhos, plumagens. Porém, a obra mais valiosa é uma pequena escultura do Pássaro Dourado doado ao Museu por um grupo de fazendeiros brasileiros da região amazônica. Dotado de um mecanismo encomendado aos relojoeiros suíços, quatro vezes ao dia esse maravilhoso pássaro abre as asas e o bico e canta uma música lindíssima chamada "Aquarela do Brasil", composta por um mineiro chamado Ary Barroso em 1939. Ele canta por cento e vinte segundos seguidos. Nessas horas os visitantes alertados minutos antes por um alto-falante correm para a sala onde ele está e em silêncio ouvem esse quase lamento. Um pequeno facho de luz ilumina a movimentação das asas e do bico e os alto-falantes do museu distribuem o canto por quilômetros pelo deserto. Mesmo acostumados com aquele som, os habitantes locais param tudo o que estão fazendo e se voltam na direção do museu. As crianças que nasceram junto com a chegada do Pássaro Dourado aprenderam a letra e cantam com ele. A cena, contava Herman, lembra o início dos tempos, quando um canto inspirava vida e esperança. Ele sabia disso pois viveu a utopia de fazer com que os cantos de todo o mundo fossem reunidos de tempos em tempos em festivais, congressos, mais tardes em discos, pelo rádio, pela televisão. Casou cedo e viveu sessenta anos com a mesma mulher. Como seus pais, teve sete filhos. As duas filhas mulheres, sociólogas, permaneceram ao seu lado até a morte. Seus cinco filhos homens se espalharam pelos cinco continentes. Ele os visitou anualmente durante vinte anos até os setenta, quando construiu uma casa ao lado do museu e nunca mais saiu de lá. Suas filhas foram viver perto dele com seus netos e mais tarde com seus bisnetos. Com seus filhos americanos conheceu no Brasil as aves mais raras do mundo, a arara-azul-de-spix, arara-do-nordeste e arara-celeste de cabeça azul escura, corpo azul, barriga esverdeada, uma máscara preta e olhos amarelos brilhantes. Quando foi com eles à América Central conheceu também o pássaro quetzal que era adorado como um deus pelos povos antigos, os astecas e os maias. Com seu filho que vive no Vietnã, conheceu os papagaios que dormem pendurados de cabeça para baixo como morcegos e também os gaviões que constroem seus ninhos com sua saliva e sangue. Pelo mundo viu os beija-flores cujos coraçõezinhos batem mil e trezentas vezes por minuto durante o dia e de trinta e cinco a cinquenta vezes por minuto durante a noite. Mas sua favorita era a Ave do Paraíso da Nova Guiné, considerada divina.

Já perto da morte Herman contava aos bisnetos as maravilhosas histórias dos pássaros de sua infância. Caçula de doze anos, Clara era muito parecida com ele. Ouvia as histórias com atenção, e interrompia os relatos frequentemente para perguntar sobre os acasalamentos, a alimentação, as árvores, as ilhas encantadas ou não, os vulcões, as florestas tropicais. Os bisnetos mais velhos, sabendo onde essa conversa entre avô e bisneta iria parar saiam brincar em outro lugar. Assim sendo, Herman e Clara ficavam com a enorme varanda e a visão do sol do final do dia só para eles. Inspirados, iam dialogando sobre animais fantásticos e muitas vezes Clara ocupava o papel do narrador e Herman, olhos semicerrados, ouvia história após história sem perder um detalhe. Clara podia falar por horas sem perder o entusiasmo. Ela tinha lido todas as suas anotações de infância, seus cadernos com os pássaros fantásticos, seus relatos de viagem. Ela ia além e conhecia os insetos que os pássaros comiam, conhecia seus predadores. Acordava cedinho antes do amanhecer para assistir à movimentação do dia que nascia. Ficava atenta, na varanda, observando as migrações, os movimentos. E relatava tudo minuciosamente ao avô maravilhado.

No dia da sua morte, estavam os dois no ritual dos pássaros quando Herman percebeu que Clara não prestava mais atenção.

— O que foi, minha querida? Não está gostando da história?, perguntou.

— Eu quero saber o que vai acontecer com você agora que já está bem velhinho, ela respondeu.

— Nada, eu vou continuar contando histórias para você todas as tardes.

— Então você não vai morrer?

— Vou morrer, sim.

— E eu?

— Você vai viver a sua vida e vai contar histórias para seus filhos.

— E eu vou ser feliz depois que você morrer? Eu vou ser feliz na vida que eu vou viver?

— E o que é a felicidade, minha querida?

Ricardo

RICARDO NASCEU COM UMA GRAVE DOENÇA NOS OLHOS. Aos quinze anos começou a ficar cego do olho direito e enxergava mal do olho esquerdo. Foi então que um médico famoso de Londres o examinou. O veredito foi terrível: ele precisa de olhos novos ou não enxergará mais nada em menos de um ano. Precisamos fazer um transplante.

— O que é um transplante?, perguntou *Herr* Leon.

— Ele precisa colocar um olho bom no lugar do olho cego, respondeu o médico.

— E como se faz isso? Nunca ouvi falar disso, perguntou *herr* Leon, bastante cético.

— Não se faz. Só eu faço. Não sou conhecido aqui porque os vienenses não acreditam no que um doutor judeu diz e menos ainda que esse judeu possa se antecipar cem anos e fazer essa operação. A minha preocupação, a minha vida é dedicada a fazer com que as pessoas vejam, enxerguem melhor. A semana passada devolvi a visão a uma senhora totalmente cega através de um tratamento semelhante ao que farei com seu filho. Ela nunca havia se visto, nunca havia enxergado o outro. Seu marido, seus filhos…

— Acredito que seja bem arriscado. Onde o senhor opera?

— Sim, é arriscado. Os riscos que a vida nos impõe. Mas o que é o risco de voltar a ver, comparado à certeza de ficar cego? Eu opero em qualquer hospital. Só precisamos de um doador, *herr* Leon. Uma pessoa que esteja pronta a partilhar sua visão com Ricardo.

— Eu dou meu olho direito para meu filho! Só não quero morrer e deixar meus outros filhos órfãos.

— Ohhh!!!, fizeram todos.

— Ebaaaa!, fez Ricardo, sem avaliar o preço que essa operação iria lhe custar por toda a vida.

Daquele dia em diante *herr* Leon, Ricardo e a preocupadíssima *frau* Fanny, não pensaram em mais nada. Ricardo, porém, havia nascido com outro mal ainda pior que a cegueira: ele sofria da mais grave das sete doenças da vontade, isto é, ele não tinha nenhuma vontade. Sua quase cegueira não lhe incomodava em nada porque não gostava de brincar com as crianças, não gostava de ler, não queria nem mesmo sair da cama. Quando *herr* Leon saia para trabalhar Ricardo sentava na grande poltrona do pai e lá permanecia, se permitissem, por todo o dia, pela noite, pelos meses, anos a fio. A única coisa que o motivava era passar horas ouvindo histórias e novelas no rádio da família. Nas semanas que antecederam a operação e nas seguintes, Ricardo encontrou coragem e alívio nas aventuras de um rei chamado Ricardo, Coração de Leão. Imaginou-se então narrando sua vida para uma rádio. A sua história começaria naqueles dias e se chamaria Ricardo, Olhos de Lince. Um rei cego que recupera a visão e reina por décadas sempre enxergando mais longe e claramente. A possibilidade da operação deu certa esperança para os pobres pais que não sabiam mais o que fazer com aquele menino esquisito, tão distante dos irmãos. Foram muitas as dificuldades, foram muitas as consultas. Foi enorme o medo de *frau* Fanny que a operação fosse um fracasso e alguma coisa de muito errado acontecesse com a visão de seus dois queridos.

No outono, quando o frio ainda não havia chegado, o Doutor mandou avisar para a família que a data da cirurgia já estava marcada para dali a dois dias e que ele chegaria naquela noite de Londres. Os pobres pais aflitos foram dar a notícia a Ricardo que naquele dia nem havia aberto os olhos. Deram voltas e voltas, deram balas e chocolates, fizeram pausas e finalmente *herr* Leon declarou:

Ricardo, meu filho querido, depois de amanhã vamos para a cirurgia. Em algum tempo, quando retirarmos as vendas e as ataduras, você será quase cego de um só olho e eu serei cego de um olho só. Seremos mais amigos, repartiremos mais a vida. Dividiremos nossas impressões sobre os dias e as noites, as estações do ano, as caretas dos seus irmãos e da sua mãe, as árvores, os edifícios.

— Sim, pai. Eu sei. Você não precisa me explicar. Separados veremos pela metade, juntos termos mais chances de acertar.

— O quê? Acertar o quê, meu filho?

— Acertar na vida, pai. Saber um pouco mais de cada coisa. Eu já pensei muito nisso e hoje eu sei que as coisas e as pessoas não são como elas aparentam ser. No meu jeito esquisito de enxergar consegui ver a vida de outra maneira. Não precisei fazer nem aprender nada. A vida se expôs para mim cheia de feridas provocadas pelas coisas boas, e cheia de força provocada pelas coisas más.

— E o que você fez com tudo isso que você descobriu?

— Pai, eu poderia fazer tantas, tantas coisas, mas eu não tenho vontade de fazer nada. Eu penso em sair, em me movimentar, em fazer ginástica, em falar com as pessoas. Mas não tenho vontade de nada, nada, nada.

Quando o dia chegou, *herr* Leon e Ricardo saíram cedinho e foram caminhando até o mesmo hospital onde todos os filhos tinham nascido. Prevenidos, pois detestariam fazer alguém esperar por eles, chegaram alguns minutos antes da hora marcada. Mas o Doutor já estava lá. Tudo muito sério, tudo muito tenso, tudo nas mãos daquele senhor baixinho, careca e de mãos pequeninas. *Herr* Leon respirou fundo. Ricardo respirou fundo e segurou forte na mão do pai.

Ricardo foi preparado, dopado, anestesiado. Na fria sala de cirurgia seu olho direito, o olho cego, foi extirpado, cortado, descartado num recipiente de metal. Minutos depois fazia parte do lixo hospitalar.

Herr Leon também foi preparado, sedado e anestesiado. Seu olho direito foi cuidadosamente retirado e rapidamente transportado para o buraco no rosto de Ricardo. Lá foi costurado com muita precisão, nervo a nervo, e em seguida foi encaixado. O hospital da comunidade judaica de Viena tinha todos os recursos, mas ainda assim era fácil notar que se tratava de um doutor do futuro trabalhando com as condições encontradas no começo do século vinte. A cirurgia era de muito risco, as infecções eram comuns. No grande salão de entrada do hospital, por onde passavam centenas de pessoas que se dirigiam para as imensas escadarias e longuíssimos corredores do andar de cima, *frau* Fanny esperava abraçada às suas filhas. Horas depois o doutor surgiu com um sorriso no rosto. Vinha acompanhado de uma linda mulher de uns vinte e cinco anos. Ela mancava ligeiramente da perna direita. A *frau* Fanny se levantou e caminhou rápida na direção dele e da moça.

— Tudo correu bem, *herr* Doctor?

— Eles vão ficar bons e Ricardo voltará a enxergar. Minha filha Leoni vai me substituir nos cuidados ao seu filho. Eu amanhã volto a Londres. Muitos transplantes esperam por mim. Parece até que as pessoas e particularmente os ingleses resolveram enxergar melhor as coisas da vida. Ainda hoje visito seu marido e seu filho, mas a partir de amanhã é com ela.

Leoni era uma moça forte, determinada, um pouco masculina e dona de uma enorme cabeleira ruiva, crespa, intimidadora. Ela usava a força daquela juba sempre que precisava impor sua vontade. Tinha pestanas longas, olhos verdíssimos e sardas pelo rosto, mãos, braços e sabe se lá onde mais. Leoni foi a primeira pessoa que Ricardo viu quando abriu o olho ruim voltando da anestesia. Como todos os pacientes que voltam da anestesia, ele delirou, esperneou, gritou de medo de incêndio na enfermaria. Leoni se inclinou e colocou a mão esquerda sobre o peito de Ricardo e a mão direita sobre a sua testa.

— Não há nenhum incêndio, ela disse firme. São meus cabelos. Isso sempre acontece. Sinta como a minha mão refresca a sua testa. Eu sou sua doutora, meu nome é Leoni, e eu cuido da sua recuperação. Bom dia, Ricardo!

Ricardo fez um esforço, respirou fundo duas vezes, piscou o olho fraco várias vezes e esticou a mão para encostar nos cabelos de Leoni. Quando ela se abaixou a imensa cabeleira roçou as bochechas, o nariz, a testa de Ricardo.

— Bom dia. Como foi a operação? Vou ficar bom?

— Você não vai ficar cego. Isso eu garanto. Se você vai ficar bom depende da sua vontade.

— Como assim? Eu não tenho nenhuma vontade.

— Mas há de ter meu amigo. Vamos treinar, voltar a ver, a ler, aprender a distinguir o vermelho do azul, o branco do preto.

— Eu nunca tive que me esforçar para que meu olho antigo fizesse isso por mim.

— E acabou ficando cego. Seu olho não aguentou, eu acredito. Bom, agora vou embora, mas volto à noitinha com meu pai para a consulta.

Ricardo passou o dia olhando para um ponto fixo no teto onde eram projetadas as imagens dos seus pensamentos. Quando as dores aumentavam ele aproveitava o fato de estar em um hospital e gritava alto por alívio. Passadas as primeiras vinte e quatro horas comeu, dormiu e recebeu primeiro a visita dos irmãos e, em seguida, de frau Fanny.

— Então, meu filho? Está feliz?

— Mãe, eu não vou poder me comprometer com o treinamento que vem depois da operação. A doutora Leoni me disse que vou ter...

— Sim, eles explicaram tudo isso para mim e para seu pai.

— E o que isso quer dizer? Vocês sabem muitíssimo bem que não vou cumprir nenhum compromisso a longo prazo, não gosto de sair de casa, não quero levantar da minha cama, da poltrona do pai.

— Mas Ricardo, é a sua visão!

— Mas eu não quero ver mais do que já via. Vocês me dizem que há muita coisa no mundo, que eu tenho que aproveitar e conhecer as pessoas, as coisas lindas, museus, mas eu não quero, não gosto. Quero ficar em casa sem precisar ver nada disso!

— Por que, meu filho? Por quê?

— Porque não posso fazer nada para mudar as coisas, não posso impedir o horror que está se aproximando, não posso...

— Que horror? Do que você está falando?

— Mãe, meus irmãos já perceberam que eu sou diferente, estranho, esquisito. E sou mesmo!

— Você não é esquisito, é um pouco estranho, mas isso qualquer jovem é.

— Não é verdade, mãe. Eu vejo coisas que vocês dizem que não existem, que vocês não acreditam. Eu vejo o futuro, os fantasmas do passado que vivem ao lado das pessoas. Eu sei que se aproximam tempos de muita dor, muita vergonha. Não sei onde, nem quando. Mas estão chegando dias em que todos vão preferir não ver. E assim aqueles que ainda enxergarem pelo menos um pouco, vão fechar os olhos para o massacre, para o sangue, para a morte.

— Ricardo, hoje é um dia de felicidade! Basta com isso. Seu pai está na enfermaria dos adultos, caolho, mas feliz por ter ajudado.

— Eu sempre disse, desde que essa história começou, que aceitaria me submeter à cirurgia contanto que não tivesse que fazer nada além do que faço normalmente, o seja, ficar quieto no meu canto pensando!

E assim foi o primeiro dia da nova visão de Ricardo. Ficou no hospital por mais dois dias e como nenhuma infecção se manifestou, voltou para casa. Passaram-se algumas semanas. Ricardo, cuja recuperação era bem delicada, aproveitou para ficar deitado na cama de seu irmão Benno, perto da janela. Abria o velho olho fraco para deixar a luz entrar no seu cérebro e iluminar o olho novo.

Leoni vinha todas as manhãs. Ele se recuperava e se apaixonava por ela. Só uma coisa o impedia de se declarar: Leoni queria ir viver no Brasil. Ela tinha visto fotos do Rio de Janeiro e desde então só pensava naquele calor, no mar, nas imensas plantas. E nas pessoas que enxergavam mal e não tinham nenhuma chance de uma nova visão.

— Aquele povo precisa de médicos, de cientistas! Eles estão abandonados, ninguém os quer. São milhares de pessoas que não enxergam, que nunca viram a beleza da sua própria terra, de seus habitantes.

— Leoni, talvez seja um país abençoado que preferiu não se meter.

— Se meter com o quê?

— Com a realidade, as responsabilidades, os rigores das democracias. Um país onde a vida acontece como a vida quer, ora saudável, ora doente.

— Eu não sei o que você pensa, não entendo o que você diz. Eu vou viver no Brasil. E logo. Alguma coisa aqui na Europa não está bem.

— Nisso eu concordo com você. E o que seria?

— Uma sensação ruim. Já comentei com meu pai, mas como ele mora em Londres, numa ilha, está protegido dessa sensação horrível.

Depois de muita conversa e de ouvir com carinho e atenção o que Leoni dizia, Ricardo se convenceu e passou a desejar ir para o Brasil com ela. Porém, não passava pela sua cabeça fugir da Áustria naquele momento. Tudo que ele sempre pensara estava por acontecer: a explosão da maldade do ser humano, a ausência de limite na tortura, no sofrimento dos derrotados da vez, na ausência dos limites, no convencimento dos milhões por alguns que dizem e repetem milhares de vezes o que as multidões querem ouvir. Todos esperam um redentor, sonham com o messias. Todos desejam o bode expiatório. Aquele que vai morrer por mim. Aquele que deve desaparecer levando as suas crenças, as suas tradições. Aquele que está errado, que é *endemoniado*. A história da humanidade é cheia desses momentos, redenções impostas pela vontade de alguns. É exatamente isso que virá.

Ricardo e *herr* Leon tiraram as vendas no mesmo dia porque assim quis o pai. Leoni abriu primeiro o olho do filho e em seguida colocou um tapa-olho no buraco no rosto do pai. Os dois ficaram calados durante todo o processo. *Herr* Leon olhou no espelho, não gostou do que viu, mas se conformou. Reaprenderia a andar, trabalhar, a viver *num* olho só. Ricardo olhou para Leoni, esperou o rosto dela entrar em foco, esperou a imagem dupla diminuir, e gostou muito do que viu. Mas o melhor estava por vir. Quando Leoni tampou seu olho velho, para surpresa de todos, Ricardo se levantou da cama de um salto e sorriu pela primeira vez em muitos anos.

— O que você está vendo Ricardo? Como está a sua nova visão?, perguntou ela.

— Tudo está muito claro, muito nítido. Tudo me parece muito real. Tudo me parece muito justo, muito equilibrado. As coisas estão nos seus lugares, as pessoas nas suas vidas, os acontecimentos nos seus tempos. Tudo conforme a lei, a justiça, a moral e os bons costumes. Tudo certo! E eu estou feliz.

A família e a jovem doutora se levantaram para acompanhar Ricardo que caminhava rápido pela sala, até a cozinha e no jardim. Ignorando o frio, o vento, a chuva. As irmãs trouxeram o casaco, a mãe trouxe a bengala, Leoni o segurou pelo braço e *herr* Leon ficou na sala, indiferente a toda aquela confusão, interessado naquela nova figura no espelho de tapa-olho preto. Ricardo correu até a Grande Praça, entrou nas lojas, nos bares, restaurantes. Comprou um anel de prata para Leoni e três pingentes para as irmãs. Riu muito, falou, declamou poemas épicos, contou a história do rei Ricardo, Olhos de Lince para um pequeno grupo de poloneses que tomava cerveja.

Depois de muito caminhar, subir e descer escadarias, conversar com todas as pessoas que cruzaram seu caminho, Leoni o encontrou e o convenceu a voltar pra casa.

— Ricardo, seu olho tem que descansar.

Assim que entraram em casa ele abraçou o pai que continuava de pé, imóvel na frente do espelho. Sentou na poltrona para que Leoni pingasse o colírio. No momento em que ela finalizou o procedimento e no segundo em que ela vendou o olho novo, Ricardo escorregou de volta para dentro do desânimo, da angústia, da dúvida. Leoni foi pra casa. Ricardo foi para a cama. Ela demorou dois dias para voltar. Ele demorou dois dias para se levantar. Enquanto isso, o olho novo descansava e se recuperava.

Na linda manhã do sábado, a senhora Fanny sugeriu ao filho que fosse com seus irmãos ao bazar de comemoração dos trezentos anos da Sinagoga. Ele se recusou, não quis comer. Leoni chegou, abriu a venda, pingou colírio e tapou o olho velho. Novamente aconteceu o inesperado: Ricardo se levantou de um pulo, e saiu puxando a doutora pelo braço na direção da sinagoga.

— Vamos! Vamos que a festa será linda e eles precisam de nós para ajudar com as vendas, os presentes, os órfãos, os velhos. Vamos!

Passou o dia animado, contente. Ajudou mais do que qualquer outro e se dedicou como nunca. Ao chegar em casa, falou alto e firme: pai, a partir de amanhã quero estudar à noite e de dia trabalhar nas lojas. Quero ser como o senhor! Vou ser como o senhor! Já sou como o senhor!

A contradição durou dez dias: olho velho; desânimo, tristeza, medo. Olho novo; entusiasmo, força, coragem. Ao final desse difícil período Ricardo percebeu que precisava fazer a difícil escolha entre os olhos e decidir qual deles prevaleceria. Que vida ele queria? A vida de um homem bom, trabalhador, chefe de família com seus conflitos desprezados, enterrados, poucas perguntas e muitas respostas ou a vida de um louco, visionário, cheia de sonhos e pesadelos, muitas perguntas e nenhuma resposta.

Ricardo bem que tentou viver conciliando ora um olho ora outro, mas não funcionou. A memória registrava as diferenças de humor, cobrava uma definição. Quando abria o olho velho, ele o fazia desistir, mas a memória o lembrava de quanto era bom não desanimar, ir ao encontro da família, dos amigos. O quanto ele era feliz no trabalho, durante as refeições que lhe soavam mais merecidas. Quando o olho novo ocupava sua cabeça, a cena da vida era prática, pragmática, plena de soluções para quaisquer que fossem os problemas. Ele levantava cedo, cumpria as obrigações, saía com objetivos definidos na cabeça. Mas a memória perguntava, incomodava, tudo lhe parecia besta, as perspectivas se tornavam banais e passageiras, os esforços inúteis e sem sentido.

O olho novo queria viver, mas a memória o lembrava da morte.

O olho velho queria morrer, mas a memória o lembrava da vida.

Ricardo então organizou, com a ajuda do olho novo, uma Tabela Para A Vida dividida em duas colunas: SIM e NÃO. Estabeleceu tarefas, propostas, propósitos, horários, tempos, lugares, sentimentos, avisos. Listou as armadilhas de um e do outro, como escapar, como fazer quando na hora do Sim o Não o obcecasse e vice-versa. A Tabela da Vida ocupou uma folha de papel enorme que ele preencheu cuidadosamente durante sete dias. Ao final, quando considerou que tudo estava ali levantou o papel e o pregou na parede do quarto dos meninos. Essa passou a ser a sua bíblia e por ela se guiava e se orientava sempre que a invasão da memória o impedia de seguir adiante nas divagações (olho velho) ou nas realizações (olho novo).

A família imediatamente respeitou as novas determinações para ajudá-lo a superar as contradições e seguia rigidamente a Tabela. Almoçavam tarde, depois das quatorze horas, jantavam às dez, dormiam às quatro e acordavam ao meio-dia. Os irmãos se divertiam porque era época das férias e experimentavam a sensação de seguir um novo Código em vez de observar sempre o Velho Testamento.

Amigos, parentes distantes, vizinhos, médicos e em pouco tempo mais de trezentas pessoas começaram a fazer o mesmo. Ricardo passou a orientar as pessoas que, embora tivessem dois olhos velhos, queriam se sentir mais produtivas, mais confiantes, mais alegres, mas também mais conscientes, introspectivas, poéticas. A Tabela foi impressa e distribuída nas igrejas, associações de bairro, repartições e finalmente nas escolas quando as crianças e os jovens voltaram às aulas.

Em menos de um mês, Viena aprendeu a Tabela Para A Vida e os habitantes queriam conhecer de perto o rapazinho que havia psicografado essa nova forma de se manter extrovertido e introvertido, produtivo e criativo, feliz e melancólico. Logo em seguida apareceram os cientistas vindos de toda a Europa e os alegres americanos que acompanhavam o famoso doutor Edward Prince, da Califórnia.

Ele o consultou, examinou e deu seu diagnóstico: este é o novo homem! A Tabela Para A Vida é a nova maneira de viver as neuroses e depressões do novo regime. Convidou a família de Ricardo para uma visita a Nova York, mas o convite foi temporariamente recusado.

As visitas na sala de estar da família se estendiam noite adentro e ninguém arredava o pé mesmo quando a Tabela indicava que Ricardo deveria ir se sentar na poltrona do pai e devanear durante as duas horas seguintes. Todos aproveitavam para imitá-lo e se calavam em profundo silêncio e letargia. O momento que o professor romano Ponte d'Oro chamou de *il dolce far niente*, embora de doce não tivesse nada. Com esses momentos vinham, na cabeça de todas as pessoas envolvidas, as mesmas questões que atormentam o homem desde que o mundo é mundo. Mesmo assim todos permaneciam bem quietinhos respeitando a Tabela e choramingando baixinho.

Passadas as duas horas Ricardo trocava de olho, levantava da poltrona e as animadas conversas sobre a importância da vida e da Tabela Para A Vida voltavam. O mundo havia recebido um manual de como viver sem misturar as estações. Sofriam na hora do sofrimento e se alegravam nas horas de alegria. As pessoas que acompanharam a disciplina de Ricardo passaram a ter um cotidiano menos angustiante e contaminado. Pelo menos por um bom tempo.

Um dia, durante o evento do Primeiro Encontro da Tabela Para A Vida, um monge budista que viera do Tibete para conhecer o novo código, virou-se para a plateia e perguntou:

— Ilustríssimos praticantes do novo Código: os senhores são felizes?

Ao que Ricardo prontamente respondeu sentando e mudando de olho: e o que é a felicidade?

O monge se calou, as pessoas se calaram e as horas de devaneio começaram. Naturalmente todos os presentes ocuparam os cento e vinte minutos pensando sobre o que seria a felicidade. Ao final do intervalo vários se inscreveram para expor suas conclusões. Cada um teve quinze minutos para explicar a felicidade. Alguns bem que chegaram perto de alguma definição, e foram aplaudidos longamente. Porém, quando os debates aconteceram a extroversão tomou conta do auditório e a vaidade de falar em público prevaleceu. Todos quiseram falar. E mais uma vez ninguém quis ouvir.

O Primeiro Encontro não conseguiu explicar a felicidade. Aliás, nem era esse seu objetivo. Mesmo sem saber o que era, ou mesmo se existia, as pessoas mais tranquilas conseguiram se sentir melhor, menos preocupadas, menos confusas. A Tabela Para A Vida trazia uma espécie de equilíbrio e para aqueles europeus prestes a conhecer o Grande Inverno, isso parecia bastar.

Os três dias do Encontro terminaram bem, os cientistas deixaram Viena de volta para suas casas. Ricardo aproveitou o sucesso da Tabela para pedir a mão de Leoni. Casaram-se pouco tempo depois e na lua de mel foram conhecer Copacabana, o Corcovado, o Pão de Açúcar, o samba e a miséria do Brasil. Juntos lá eles viveram momentos felizes. Juraram voltar em breve para viver para sempre naquele lugar. Não voltaram. Não sobreviveram aos campos de concentração para onde foram enviados logo que voltaram a Viena.

O irmão mais velho

COMO POSSO FALAR DELE? MINHA MÃE NUNCA ME DISSE seu nome. Falar de alguém sem nome é como falar de qualquer pessoa, de qualquer vida.

Ela nunca te contou nada? Nem uma foto?

Não. Só me disse que ele não era qualquer homem. Era o seu irmão mais velho. Talvez ajude se eu chamá-lo assim e contar a sua curtíssima história em outra época, outra vida, outra morte. Ele não esperou o Grande Inverno para desaparecer. Ele tinha pressa em fazer parte de outro plano. Era muito jovem quando desafiou *herr* Leon a compreender, aceitar e acreditar na sua utopia. Aos quinze anos já abria os braços, levantava da cadeira da mesa de jantar e recitava longos trechos de Pushkin, em russo! Estudava russo todas as horas, minutos do dia e das noites.

— Como você sabe disso, se não sabe nada dele?

— Sei pouca coisa e se eu puder continuar você também poderá saber. Posso?

— Claro. Continue, quero ouvir sobre esse irmão mais velho.

Eu tenho que explicar uma coisa antes: quando saiu do campo de concentração, minha mãe pediu à Cruz Vermelha notícias de seus parentes sobreviventes. Recebeu uma longa lista de sessenta e quatro nomes. Todos mortos. Portanto, é bem possível que datas, aniversários, características físicas não fossem importantes para ela. Algumas pessoas, aliás, a maioria das pessoas, conhece bem os seus familiares, vivem perto, têm a possibilidade de conviver. Passam datas importantes juntas, comemoram os nascimentos e se consolam quando um deles morre. Nem ela nem os seus irmãos nunca tiveram isso. Eram sete irmãos, passaram a ser seis. Eram pai e mãe e passaram a ser nada. Lembro vagamente que minha tia Regina me disse uma vez que o irmão mais velho adorava os trens, e desde menino fugia de casa para ouvir as histórias que os maquinistas contavam das longas travessias pelo Império. Pouco tempo depois ele conseguiu um emprego como foguista no trem que ia de Graz para Viena. Fez amigos, participou dos grupos de homens de bem que perseguiam a utopia de um mundo justo para os trabalhadores. Minha mãe, ainda criança, ouviu as discussões na mesa de jantar entre esse irmão e o pai, não entendeu por que levantavam a voz e sempre um deles saia da sala gesticulando forte. Nunca entendeu por que esse irmão fazia sua mãe chorar. Se ele queria o que era bom, se os seus amigos também pensavam como ele, por que tinha a vida ameaçada, por que minha avó chorava? Por que ele desaparecia por semanas a fio? Uma noite, quando Sofia tinha só seis anos, viu Hannah levantar da cama e ir até a sala onde *frau* Fanny chorava baixinho andando de um lado para outro. Foi atrás da irmã, e as duas pararam na escada quando *herr* Leon chegou com a notícia.

— Ele foi preso. Os comunistas caíram na emboscada e foram presos, mortos.

— Comunista não pode ser! Preso não pode ser!

— Não pode ser, mas é! Conforme-se. Amanhã vou buscá-lo na prisão.

— E se ele for torturado? Se ele for morto? E se ele já estiver morto?

Desse dia em diante o irmão mais velho nunca mais foi visto. As esperanças foram sendo frustradas na mesma velocidade em que as notícias corriam de um lado para outro, de uma casa para outra. Vizinhas ajudavam nos consolos, os homens da sinagoga ajudavam nas buscas e nas rezas. Mas nenhuma palavra da polícia, do exército, dos companheiros que apareciam na casa perguntando por ele. Eram bons homens, rapazes, até meninos de caras assustadas, roupas velhas e olhos arregalados. Entravam, pediam água, sopa, pão. Cada grupo de homens conhecia o irmão mais velho por outro nome: Yuri, Wladimir, Leo.

— Algum desses era o seu nome mesmo?

— Não. Ou talvez até fosse, mas meus avós e as crianças foram aconselhados a não tocar no seu nome. Era perigoso. Poderiam aumentar os riscos, criar mais problemas, perder tudo. As lojas, a casa, a vida. Poderiam ser perseguidos, ter que abandonar Viena, deixar o Império. Calaram a boca os pobres pais e as crianças que nunca perguntaram nada depois que receberam as instruções para ficar bem quietinhas e aceitar o destino.

— Mas quando ele desapareceu? Já era o tempo dos nazistas?

— Não sei. Nunca perguntei. Como ele era comunista e os comunistas sempre foram perseguidos e, além disso, era judeu, bastava estar vivo para ser acusado dos maiores absurdos, ser condenado sem julgamento, ser uma pessoa não desejada. Foi assim desde sempre em qualquer data, momento, lugar. Não valia nada, descartável. Descartado. E assim foi. Ele nunca mais foi encontrado. Nem o seu corpo.

— Talvez ele tenha conseguido escapar para a Rússia. Para o Leste?

— Talvez o vento o tenha carregado e o deixado cair no rio. Talvez aquela menina Helena o tenha convencido a voar com ela. Acho que essa era a versão preferida da minha mãe e das suas irmãs do desaparecimento do irmão mais velho.

— Mas ele era forte e pesado.

— Não. Era baixinho e muito magro. Igual a todas as crianças que um dia foram levadas embora. Igual a todas as crianças da Grande Guerra que eram transportadas daqui para lá, para a Grã-Bretanha, para a Holanda, para a América do Norte. Transportadas dentro de vagões sem janelas, transportadas em cabines de navios sem janelas, levadas como bonecas, como brinquedos, até países onde estariam a salvo dos horrores que seus pobres pais teriam que enfrentar.

— A Segunda Guerra, você quis dizer?

— Não, a Grande Guerra. Sofia e Hannah tinham menos de dez anos quando foram mandadas para fora de casa, de Leopoldstadt, Viena, num trem para Amsterdã e de lá para uma colônia agrícola. E na Holanda ficaram mesmo depois do final do primeiro pesadelo mundial com as outras centenas que tinham o apelido de Crianças de Guerra. E voltaram para casa dois anos mais tarde transformadas pelos dias e noites em que ficaram se perguntando: Por quê? Até quando? E eles... E eles... E eles?

Sofia e Hannah tinham saído de casa como duas meninas assustadas e voltaram pequenas mulheres assustadoras, mãos calejadas, cabelos ressecados. Os pobres pais felizes com as filhas vivas fizeram de tudo para lhes devolver a infância. Elas tentaram responder às muitas perguntas dos irmãos com as poucas respostas sem graça, sem assunto que o assunto permitia. Abriam a boca, mas o que queriam dizer não desenterrava por mais que elas quisessem, aquilo não conseguia emergir do inferno profundo. Hannah olhava em volta aflita, lembrava as histórias das crianças que voavam e cada dia contava uma diferente na qual ela mesma era a heroína, a menininha muito magrinha que um vento mau havia roubado. A menininha magrinha que conseguia voltar daquele lugar tão bonito cheio de canais e barquinhos e pessoas coradas, bem alimentadas. Hannah fechava a boca escancarada da irmã de onde não saia nada e abria a sua. Respirava pela boca, aspirava oxigênio e retinha para não perder mais nada. Na sua expiração vinham as palavras, flutuando no gás que saía dos seus pulmões.

Os pais choravam ao se dar conta do seu sacrifício em inventar sempre uma nova história, uma nova mentira. Os irmãos não se interessavam tanto, afinal não passavam de historinhas de meninas que conseguiam escapar da morte. Preferiam as histórias dos soldados que haviam sucumbido e estavam mortos, nunca mais voltariam para contar suas histórias, suas tragédias. Preferiam reviver o que viveram naqueles últimos anos.

— E o trem? Como era o trem? Quem ia no trem?, perguntava o irmão mais velho.

— O trem era rápido, nos primeiros vagões iam os soldados, em seguida os organizadores, as enfermeiras e as professoras. E por fim as Crianças da Guerra.

— Quantas crianças?, perguntava o outro irmão.

— Muitas, pequeninas, grandes, mais velhas. Quase todas eram meninas. Não sei qual o motivo, ninguém me disse.

— Quem cuidava das crianças? Quem dava comida?

— Os organizadores cuidavam para que não houvesse briga na hora da comida. As professoras para que houvesse silêncio nas outras horas. E as enfermeiras para que bebêssemos água e fôssemos ao banheiro.

Regina mal ouvia pensando em si mesma, na cama de Hannah tão macia, grande, que ela agora perderia com a volta da irmã mais velha. Regina, que não pudera viajar com elas, estranhou a volta das outras meninas da casa e se preocupou com o tamanho do amor que os pais lhes ofereciam. Não compreendia por que elas mereciam tão mais se fora ela que havia ficado ao lado deles ameaçada pelos tiros, pelas bombas, pela fome.

Muitas semanas se passaram até que aquela gente voltasse a ser uma família sem culpas, ressentimentos, medos, abandonos. Passaram muitos anos até que a Cidade voltasse a ser um lugar para se viver em paz. Hannah fez treze anos e ficou mocinha. Sofia fez sete anos e ficou criança. Assim estava certo. Assim era bom.

Os pais

MINHA MÃE TINHA UMA FOTOGRAFIA DE MEU AVÔ DE uniforme que eu amassei, cortei, piquei num acesso de fúria.

— Como assim? Quantos anos você tinha quando fez isso?

— Quatro ou cinco. Lembro que foi em Buenos Aires e nós vivemos lá até os meus cinco anos – foi quando então emigramos para o Brasil, para o Rio de Janeiro. Lembro que alguma coisa naquela fotografia me causou um horror profundo. Veja só, a única foto que minha mãe tinha de seu passado. Não sei, mas de alguma forma aquele homem, aquele uniforme e aquele carinho com que minha mãe guardava a foto não me pareceram justos. Achei que ela mais sofria do que gostava daquilo. Rasguei, destruí e pronto. Acho até que foi um alívio para ela tirar da frente o último pedacinho daquele imenso sofrimento austríaco.

— Ela nunca falava deles?

— Sim. Contava que *herr* Leon era um bom pai. Era um bom marido para sua mãe. Um bom judeu. Examinando mais profundamente era um sobrevivente. Um homem do século dezenove que viveu a Grande Guerra de 1914. Contemporâneo de Gustav Mahler, de Arnold Schoenberg. Nasceu numa cidadezinha da Polônia, depois da Ucrânia, chamada Buczacz. Uma aldeia se comparada a Graz, a Viena. Uma praça, alguns prédios severos, algumas ruas vazias. Muitos judeus emigraram juntos. Muitos judeus foram massacrados lá mesmo por mais de uma vez, mais de uma geração. Lá eles se conheceram, casaram e de lá saíram um dia para viver na Áustria. Porque eram judeus e a pequena aldeia perdida no meio do nada não os aceitava mais. A nova guerra fez com que os filhos se espalhassem pelos continentes, fez com que eles fossem expulsos da grande Viena no umbigo do mundo, fez com que eles lutassem para chegar a Sarajevo onde viveram por mais alguns meses, numa pequena casa que a comunidade judaica de lá providenciara, onde um dia o horror os encontrou e os levou.

Frau Fanny

DE SARAJEVO ELES SEGUIRAM PARA O CAMPO DE EXTERmínio. A senhora Fanny chegou ao campo acompanhada da sua filha mais velha Hannah e do marido *herr* Leon. Depois de dois dias de viagem, quando finalmente as portas do trem se abriram ela desceu do trem lenta e dignamente. Parou por uns segundos antes das ordens dos alemães para olhar em volta e sentir o frio. Foi empurrada e caminhou na direção dos alojamentos. Passou pelo portão do campo e entrou no inferno mesmo antes de morrer. Separada do marido pela primeira vez em cinquenta anos engoliu em seco e continuou caminhando apoiada no braço de Hannah. Arrumou as botas para não cair, arrumou a gola da blusa para não sufocar e arrumou o cabelo para não enlouquecer. Não queria, nunca quis que sua filha sentisse o que ela sentia.

Hannah olhava tudo aquilo assustada, um pouco perdida. Por mais que os guardas alemães indicassem o caminho ela se atrapalhava e confusa, parava sem saber para que lado seguir. *Frau* Fanny queria chegar a algum lugar onde pudesse se sentar, fixar o infinito e refletir. Se tudo aquilo iria acabar logo, se continuaria por muitos e muitos anos. Muitos porquês, muitas perguntas sem resposta. O que significava a sua condição de prisioneira? Deus havia se enfurecido? Havia se afastado de todos, alemães e judeus e ciganos e comunistas? Ele havia se afastado dos egípcios e dos primogênitos, lembrou. Quis pensar, ficar imóvel para sempre sem tomar nenhuma providência. Hannah, porém, não a deixava em paz com medo que morresse ou enlouquecesse ou pior ainda ficasse doente. Não suportava a dor da mãe. Não suportava a sua. Querida Hannah, ora tão forte ora tão frágil. A mais bonita, a mais generosa de todos.

Fanny sentou num banco de madeira e sentiu uma calma imensa em meio aos gritos, ao enorme choro. Nada mais fazia sentido. Tinha sido uma boa filha, uma boa moça, uma boa esposa e uma boa mãe. Mas nada disso que tinha sido tão importante toda a sua vida fazia o menor sentido. Tinha construído tantas certezas, preservado a segurança da sua família, garantido a vida e a calma do marido e dos sete filhos. Nunca tinha pensado além da casa. E agora nem a Europa, nem o mundo existiam mais. Estamos todos mortos, sussurrou. Seus filhos poderiam ser massacrados, seu marido tão íntegro, honesto, respeitador já estava sendo massacrado. Sua origem, sua língua alemã, sua tradição, sua ética, estavam sendo massacrados. Não queria se perguntar nem por que, nem como. Mas a pergunta a queria. Recorreu ao cabelo mais uma vez. Rígida, impenetrável, experimentava esse vazio absoluto que continuaria por gerações depois dela. Como a espécie humana poderia seguir vivendo depois daquilo? Que razão teria para continuar existindo com seus problemas, expectativas minúsculas, diante de tamanho inferno?

Uma música começou a tocar dentro da sua cabeça, uma valsa, o "Danúbio Azul". Quis ouvir valsas. Quis rever seus filhos. Quis ter netos. O que sempre soube, não sabia mais. O que sempre teve, não tinha mais. Quis rever seus filhos. Quis ter netos.

E naquele lugar, sentada naquele caixote, escondida atrás de um muro, com as mãos cruzadas sobre a barriga, ali onde parecia impossível, finalmente entendeu que iria morrer, que a sua filha Hannah também iria morrer, seu marido também. E só isso.

Gritos, choros, lamentos. Uma voz dentro de uma prece em hebraico.

Sua vida não representava nada, não ameaçava ninguém. Mas seria morta mesmo assim.

Herr Leon mancava da perna direita desde a infância. Assim que desceu do trem foi separado do grupo de homens com os quais havia viajado. Com ele seguiram mais três mancos, um rapaz sem o braço esquerdo, outro sem a mão direita, um senhor bem velho quase cego, um tuberculoso, e dois adolescentes que sangravam muito. Foram na direção contrária dos outros que se dirigiam aos alojamentos. No caminho, sempre empurrados pelos gritos dos guardas, eles se somaram a um grupo de uns quarenta homens vestidos com aqueles pijamas listrados. Tocados para dentro de um galpão ficaram ali reunidos por alguns minutos sem que absolutamente nada acontecesse. Alguns conseguiram sentar, outros se agarravam às paredes, outros rezavam baixinho. Uma voz potente se elevou no meio das pequenas vozes e a oração vazou para todo o campo de extermínio.

Baruch Atá Adonai, Eloeinou Melech Aolam...

O gás começou a vazar pelos canos, a reza ficou mais forte para em seguida ir enfraquecendo, desaparecendo mais uma vez na História. Calou-se a potente voz. Calaram-se as vozes mais fracas. Silêncio mortal. Estavam todos mortos!

Herr Leon, porém, continuava de pé, agarrado a um dos canos no centro do círculo que se formou com todos aqueles corpos caídos. Olhou aterrorizado, tossiu baixinho para não ser descoberto.

Como será que escapei mais esta vez? Será porque tenho pulmões mais fortes que todos esses rapazes? Será que sou imune ao gás? Será que Adonai teve piedade?

Como não conseguia responder a nenhuma dessas perguntas resolveu sair daquele lugar antes que os alemães viessem buscar os cadáveres. Abriu a porta devagarzinho (estranho não estar trancada) e caminhou quase levitando pelo campo. Acreditou que pelo fato de ainda não ter vestido o pijama listrado o ajudaria a passar despercebido. E foi o que aconteceu. Ninguém reparou nele nem quando conseguiu passar pelo arame farpado para o outro lado do campo, para o lado onde estavam as mulheres, Fanny e Hannah. Caminhou por alguns minutos sem que ninguém reparasse nele. Conseguiu se aproximar de *frau* Fanny, mas ela não moveu o rosto na sua direção.

— Não me ouve? Não me vê? Será que minha Fanny enlouqueceu? Fanny!! Fanny!

Viu quando Hannah se aproximou da mãe com um copo de água chorando muito. Viu quando sua mulher caiu do banquinho e não quis mais se levantar. Viu quando ela gritou: Leon, por que você se foi? Por que você morreu, *mein freünd*?

Paralisado diante daquele último sofrimento *herr* Leon se deu conta da sua morte. Aterrorizado de medo de permanecer para sempre naquele inferno correu de volta para o barracão de onde havia escapado e lá esperou alguns minutos por um novo grupo, juntou-se a eles, cantou com eles e, abençoado, se apagou com eles.

Gritos, choros, lamentos. Outra voz dentro de uma prece em hebraico. *Frau* Fanny respirou, limpou os óculos e encarou o sol que se punha devagarzinho sem sentir nada. A natureza que nunca que lhe dissera nada agora fazia menos sentido ainda. Para que aquele sol que se punha e voltava todos os dias, para que montanhas, a neve, o frio? Que plano era esse que decidira que ela tinha que morrer?

Hannah voltou com uma caneca com água. Beberam juntas, abraçadas. Hannah chorava, tinha medo. Queria rever os irmãos. Queria ter sobrinhos. *Frau* Fanny, nem isso. Não era capaz de mais nada, só de respirar, olhar para o infinito e arrumar os cabelos. Perdeu o equilíbrio e caiu. Lá ficou com o rosto encostado na terra. Hannah a levantou. Chamou por *herr* Leon. A valsa continuou crescendo na sua cabeça.

Os predadores ganhavam mais uma vez. Eram mais fortes na sua fé assassina que as presas abandonadas por Adonai naquele lugar.

Isso era seu e não era. Estava livre dos medos, das doenças, das fomes, das vozes. Vestia um casaco, mas já se sentia numa mortalha. Não havia mais nada a fazer, temer, resolver. Não podia mais nada. Se ficasse sentada, morreria. Se levantasse, também. Ouvia o hebraico dos seus antepassados nas orações, o polonês da sua infância nos choros, o mesmo alemão da sua vida adulta, em si mesma e nos carrascos.

Horrorizada, se deu conta que naquele lugar estava em casa! Jamais seria expulsa de lá, seria estrangeira. Por algum desígnio maldito ela viera parar naquele lugar e de lá não sairia. Hannah a tomou pela mão e a levou para o dormitório do alojamento. Passaram pelas mulheres. Pelas crianças. Hannah a deitou numa cama e sentou ao seu lado. A cada carinho que sua filha fazia o sentimento teimava em querer voltar. Não queria temer por mais nada. Mas sua filha ainda queria compreender, queria escolher.

— Não há escolha, Hannah. Não há escolha, minha filha. Vamos respirar bem de leve, vamos fazer o coração bater de leve, vamos dormir se for possível, vamos morrer aos poucos ou de uma vez. Como Ele ou eles quiserem.

Olhou em volta e alguma coisa nela se apaziguou por estarem todas juntas, todas as judias. Pensou que morrer sozinha naquele lugar seria terrível, mas o fato absurdo de estarem todas juntas dava àquele horror certa grandeza, certo heroísmo. Pela primeira vez a morte das mulheres era necessária, não só os homens tinham que ser vencidos, abatidos, mas elas também. Por quê?

Hannah deitou ao seu lado, e no escuro, nos lamentos, perguntou se ela lembrava as histórias que contava quando eram pequenos.

— Lembro minha filha, da menina Helena que o vento levou e nunca mais devolveu. Lembro de seus pobres pais que tudo fizeram para tê-la de volta.

Lembro das carinhas de vocês e do medo que sentiam.

Só não consigo mais lembrar o rosto do seu irmão mais velho. Ele desapareceu há tanto tempo...

Não consigo me lembrar de... Leopold.

Quando terminei de falar a mulher me olhava de outro jeito, em silêncio. Sorriu pra mim e estendeu a mão. Compreendemos que a entrevista terminara. Aproximei-me dela agradecida por ter ouvido esse relato da história da minha família.

Permanecemos abraçadas por alguns segundos.

FIM

- editoraletramento
- editoraletramento.com.br
- editoraletramento
- company/grupoeditorialletramento
- grupoletramento
- contato@editoraletramento.com.br
- editoraletramento

- editoracasadodireito.com.br
- casadodireitoed
- casadodireito
- casadodireito@editoraletramento.com.br